幻の講話

第三巻

男の幸福と女のしあわせ

森信三

致知出版社

はしがき

一、この叢書は、もともと一貫した精神によってつらぬかれているゆえ、根本的な調子は、ほぼ似通っているといえましょう。

二、しかしながら、その間、おのずから、巻を追って程度が少しずつ高まるように工夫したつもりです。

三、この第三巻はご覧のように女生徒を対象といたしましたが、程度については、中・高、いずれにも向くようにと考えたつもりです。

目次

第一講——開講のあいさつ

今日は校長先生が、これまでお見受けしたことのない方を案内されて、この小講堂へお入りになった。その方の着ていられる衣服はちょっと坊さんの衣《ころも》に似ているようだが、衣ではない。そこで一同の視線が、思わずその方へ注がれた。すると校長先生は、おもむろに壇上に昇られて、一礼の後、次のようなごあいさつがあった。

「皆さん!! すでに担任の先生方から、お話があったことと思いますが、今ここにお見えになって**いられる方は、名児那承道先生とおっしゃる方でありまして、これから一年間、毎週一回、この月曜**日の第一時限に、お話をして頂くことになりました。

先生は大へんおリッパな方で、お書物もたくさんお出しになっていられるお方であります。わたくしは以前、この名児耶先生の先生であられた有間香玄幽先生という方から、教えを受けていましたが、今回ご縁が熟して、今は亡きその有間香先生の高弟にあたられるこの名児耶先生にお願いして、皆さん方にお話して頂けることになったということは、まことに近来にない深い喜びであります。

そこで、皆さん方におかれても、どうぞその心して、先生のお話をよくお聞きし、人としてまた女性としての生き方の上に、これまでよりも一だんと深い自覚を持たれるようになったら、こうした企てをしたわたくしとしても、喜びに堪えません。

では、簡単ながら以上をもって、紹介のごあいさつといたします。」

するると名児耶先生は、校長先生と入れ代って演壇に立たれ、一礼ののち、手であいずをされ、一同を着席させられた。

さてこの度はご縁がありまして、今後一年にわたって、毎週一回の予定で、皆さん方にお話することになったわけですが、これはわたくしとしてはまったく予期しなかった事で、それだけにその喜びもまた深いのであります。しかし、同時にまた半面からは、多少危惧《きぐ》の念がないわけでもありません。と申しますのも、一たいわたくしみたいな人間のお話する事柄が、はたしてどの程度、皆さん方のような若い世代の方々に受け入れられるかどうかと、気にならないわけでもありません。しかしながら、又人間というものは、とにかく自分にできる範囲で、一おう精一パイ尽す以外に途はないのではないかと思うのであります。

ですからわたくしとしては、現在の皆さん方には、あるいは気に入らないような事柄を申す場合もあろうかと存じますが、しかしそうした事柄の中には人生経験のまだ十分でない皆さん方としては、その真意が十分に解って頂けない場合もあろうかと思うのであります。しかもそうした事を承知していながら、あえて自分としての所信を、曲げたり遠慮したりしないで、率直にありのままに申すことにしたいと考えている次第であります。ということは、言い換えますと、たとえば現在地上の温度が低いために、素人にはまだタネ蒔きをするには、多少早過ぎると思われるころに蒔くのでないと、実はもう手遅れになるのであります。そしてこの喩《たと》え話が、実は、これから皆さん方に対して、お話をしようとしているわたくしの心境を語るには、まったく打ってつけの喩えと思うのであります。

このように申しますと、皆さん方の中には、わたくしの申す事柄が、どうも納得し難いと思われる方もおありでしょう。そうした事の解らぬわけではありませんが、しかし教育というものは、たんにその時一時《いっとき》の平面的な理解だけでは、人生のふかい真理のタネ蒔きは出来ないのであります。同時にそこからして、教師の話すことは、すべて相手に納得できることでなければならぬとか、またそうでなければ全く無意味だと思うのは、浅くて平板な考え方だといえましょう。同時にこのような点に、実は戦後皆さん方の受けてこられた教育の問題点があるかと思うのであります。それというのも、教師の話す事柄のすべてが相手に分ることが必要とされるのは、主として小学校時代のことでありまして、中学も上級になったり、いわんや高校などになれば、そういういわば平板な教育では、あまり大した意味はなかろうと思うのであります。

たとえば、今、高山を仰ぐというような場合をとってみましても、平地から直ちに聳《そび》えたっている高山というものはほとんど絶無でありまして、そこへ到る以前に、実はいくつもの山々が重なっているのが普通であります。同時にそこには、現在立っている地点からは見えない幾つかの谷々が隠されているわけであります。そしてこれらの事が真にハッキリと納得がゆくには、結局わたくしたちは、実地にそれらの山々や谷々を、登ったり下りたりしてみなければ、真の納得はゆかないのと似ているかと思うのであります。

ところで、ただ今わたくしが、幾つかの隠れている谷々に喩えたのは、あなた方のような女性の方が、その永い人生の途中で遭遇する色いろな試練というか、出来事について申すのでありまして、たとえば結婚という事柄一つをとってみましても、事前に憧《あこが》れていたのと、実際に経験するそれとは、かなりに大きな相違のあることは、例えば芸能人たちの結婚に、いかに離合が多いかということ一つを考えても、お分りでしょう。いわんや結婚生活にともなう明暗の種々相については、現在まだ結婚していない皆さん方に、十分お分りにならないのは、むしろ当然のことであります。さらにまた子どもを生み、それを育てる間において、主人の心の上に、対異性問題による動揺が見られたり、いわんや肝心の主人に亡くなられて未亡人になるなどということは、女性の運命にとっては、この上ない重大な悲劇というべきでしょうが、しかもそうした悲劇は、世上必ずしも少なくはないのであります。少なくとも、現在あなた方が考えられるより、遙かに多いものだということは、この「講話」の最初に申し上げておくのが良かろうかと思うのであります。しかるに現在の皆さん方は、まだ結婚しているわけではなく、ご主人もないわけですから（一同笑う）もちろん子どもなどもないので、母親としての愛情なども分りようがないのであります。

そこで、話を元にもどしまして、このように女性としての人生の関門をまだくぐっていないあなた方には、関所を通ってからくりひろげられる女性の運命の種々相というものが、十分お分りにならないのは当然なことですが、同時にまた、それ故にこそ、そうした人生経験の乏しい現在のあなた方に喜ばれる範囲のことしか、お話しないということは、人生の一先達としてのわたくしには、一種の不親切な態度ではないかと思われるのであります。もちろん人生のふかい真実というものは、実際に自分が身を以って体験するのでなければ、十分に分るものではありませんが、しかし、今や女性としての人生の「関所」に近づきつつある皆さん方であります。もちろん以上申して来たように、「関所」をくぐればやがて否応なしに展開してくるのが、女性としての運命ですから、随《したが》ってそれらの出来事のうち主なるもの若干に対して、あらかじめある程度の予見的な展望、並びにその際必要な注意というか心構えについて、ある程度タネ蒔き的なお話をしておくことは、必ずしも無意義ではないと思うのであります。そしてそのためには、たとえ現在のあなたが人生について未経験なために、「分らぬ」とか「わたしにはそういう理屈は納得できない」といわれましても、将来に対する一種のタネ蒔き的な意味において、必ずしも無意味ではあるまいと思うのであります。

さて、以上でわたくしとしては、話の前置きの前半はすんだかと思いますが、しかしこれだけでは、まだ肝心の部分は済んだとはいえないのであります。と申しますのも、この度わたくしが御校で皆さん方にお話することになった因縁というか「ご縁」については、まだ一言も触れていないからであります。ではその「ご縁」というのは、一体どういう事柄でしょうか。それは一口に申しますと、亡くなられたわたくしの師匠と御校の校長先生とが、永い間お知り合いだったということであります。もっとも先師の晩年は、まったくこの世から身をかくされて、文字通り「隠者」としてのご生活でありましたが、以前は東大の教授で、敗戦と同時に職を擲《なげう》って、全国行脚を始められたのでありまして、そうした全国行脚の旅において、御校の校長先生ともお知り合いになられたとのことであります。随ってそういう点から申せば、御校の校長先生とわたくしとは、いわば同門の間柄といってもよいわけであります。そしてそのような道縁のおかげで、こうしてここに皆さん方に対して、一年間お話することになった次第であります。

ところで、先師につきましては、唯今ホンのその片鱗を申し上げたに過ぎませんが、先師は非常に卓《すぐ》れた方でありましたが、今も申すように晩年――と申しましても、四十二、三歳から五十歳前後までの七年ほどの間ですが――まったく世間から身を隠して、徹底的な隠遁生活をされた為に、晩年の先師にはきわめて少数の、ホンの十数名の者しかお目に掛ってはいなかったのであります。しかし幸いなことにわたくしは、ご縁があって先師を知り、そのお蔭で救われたのでありまして、もしわたくしが先師にお逢いしていなかったとしたら、わたくしの人生は、まるで灯火なしに闇夜を行くようなものだったと申してよいでしょう。

先師のことにつきましては、わたくしの書きました「隠者の幻」という書物がありまして、もちろんそれは、先師の偉大さの幾十分の一も書けてはおりませんが、しかしこの講話では、先師のことばかりで済ますというわけには参りませんので、心ある方はこの書物によって、先師の面影のあらましを知っておいて頂ければ、わたくしとしては非常に有難いわけであります。

この「隠者の幻」という書物をご覧頂きますとお分りになりますが、先師が何ゆえ人生の中年において、七年という永い期間を、かくも徹底的な「隠者」の生活をされたかと申しますと、それは先ほども申したように、敗戦と同時に東大教授のイスを擲ち、全国行脚の旅に出られて、全国の津々浦々から、県境地帯にある農山村から、さらには離島にまでもその足を運ばれたのでありますが、それはこれまでの様な単なる書斎の学問では、とうてい生きた人生の真理の分るはずがない、ということに目覚められたからであります。ところが、そのような「全国行脚」七年の果てに、先師が到達せられたのは、たとえそのように広く全国の津々浦々まで経廻《へめぐ》ってみても、自己の心を明らかにしなければ、結局民衆の心の分るはずがない――ということに気づかれたのでありまして、かくして先師の心の世界には、まさに一八〇度的な大転回が生じ、そこからして徹底的な隠棲の生活に入られたようであります。

ついでですが、先師が一切世俗の縁を断って隠棲せられたのは、京都の東北方にあたる北白川の山中から入って、比叡の谷々の重なり合う辺りの洞窟でありまして、そのころわずか十人余りのわれわれ門人も、先師のご生前だれ一人としてその洞窟へは、ついに訪れることを許されなかったのでありまして、先師はそのような、まったく人跡を断った山中の巌窟に隠棲していられたのであります。しかもこのような隠棲生活の果てに、先師の到達せられたご心境は、われわれ人間というものは、この肉の体をもっている限り、真に徹底して〝名利の念〟を断つことはついに不可能であり、随って「名利の念を断った上でなければ、人のために尽すことはできない」と考えた自分の考えは、やはり誤りだったわけで、「われわれ凡夫としては、いささかなりとも人様の為に奉仕のまことを捧げることによって、救われ清められるのだ」という心境に達せられ、ついに七年という永い隠棲から起《た》って、世のため人のために奉仕の生活に入られようとせられましたが、その時先師のお躰《からだ》は、すでに不治の病魔に犯されて、再び起つことのないことを悟られるや、先師はそのまま消息を絶って、深山にその蹤跡《しょうせき》を没せられたのであります。

こういう次第でありまして、先ほど申したように、御校の校長先生とのご縁により一年間、週一回ずつ、こうして皆さん方にお話を申すことになったわけであります。そこで、現在のわたくしとしては、亡くなられた先師のご精神の一端なりとも、皆さん方にお伝えができたら——と思う一念以外には何物もないのであります。

第二講――人生二度なし

前の週に、校長先生から紹介いただいた名児耶先生が、校長先生のご案内でお出でになった。そして二〇〇名近い女生徒一同が、眼を輝かせてお迎えした。すると先生は、おもむろに壇上にお昇りになり、一礼ののち、黒板に今日のテーマをお書きになると共に、さらに次のような詩を書かれたが、その間終始無言で、小講堂はまるで湖の底のような静けさであった。

(1)　朗らかな日　　八木　重吉

いずくにか
ものの
落つる　ごとし
音も　なく
しきりにも　おつらし

(2)　花に　なりたい

えんぜるに　なりたい
花に　なりたい

(3)　無造作な雲

無造作な　くも
あの　くものあたりへ　死にたい

以上の詩を書き了《お》えられるや先生は、壇上からわたくしたちの方に向かわれ、「では最初ひとつわたくしが読んでみましょう」とおっしゃって、静かな、しかし非常によく透る声でお読みになった。するとこれまで静かだった講堂に、まるで「光」でも射し初《そ》めたような感じがした。そして先生は、おもむろに、「皆さん!!　この詩の作者はだれでしょうか。どなたかご存じの方は、ひとつ手を挙げてみて下さい」といわれたが、だれ一人手を挙げる者はない。そこで先生は、「そうでしょうね。これらの詩の作者は、八木重吉という人で、非常にすぐれた詩人ですが、しかしあなた方がご存じないとしても、ごムリはありません。

ところで、この八木重吉という詩人の特色は、㈠ひじょうに宗教的な詩人だということと、㈡次にはそこから来ることですが、心のひじょうにキレイな人であるために、詩もまた大へんキレイな詩が多いということです。そして第㈢には比較的短い詩が多いということです。そしてこれら三つの条件を一人でかねている詩人は、数ある詩人の中でも少ないといってよいでしょう。

最初の詩⑴は、ひじょうに閑寂な心境をよんだ詩で、ちょっと類例の少ない珍しい詩といってよいでしょう。また次の詩⑵と⑶では、この詩人が心のキレイな人だということがよく分りましょう。なお、これらの詩は、いずれもその処女詩集「秋の瞳」の中に入っている詩です」と説明された。

さて、前回には「開講のごあいさつ」として、今後皆さん方にお話してゆくに先立ち、わたくしの方針、ないしは立場ともいうべき事柄について申し上げると共に、どうしてわたくしのような人間が、こうして皆さん方にお話するようになったか、という事について申し上げるために、先師の人となりの一端について、申し上げた次第であります。同時にわたくしが今後お話する事柄は、結局は先師のご精神をお伝えするのが中心でありまして、それ以外の何物でもないのであります。

ところで、前回すでに申さねばならなかったのに、つい時間がなくて申し上げませんでしたが、こうしたわたくしが、このたび御校で皆さん方にお話できることは、わたくし自身として非常に大きな喜びであります。では何ゆえにそうかと申しますと、それは戦後アメリカの影響によって大方の学校が、「男女共学」制をとることになったのでありますが、しかし物事というものは、すべて一長一短でありまして、そこには長所もあれば短所もあるわけであります。この点については、いずれ後日改めてお話することにしたいと思いますが、今さしあたり短所のほうを申しますと、「男女共学」ですと、女性としての教養とかたしなみ、さらには女性としての自覚というような問題が、ほとんど触れられずに済んでしまうのが大方の実情であります。しかしこれはひとり女性自身のみならず、実はわたくしども男性にとっても、大きなマイナスと申してもよいでしょう。何となれば、そこでは男らしさとは一体どういうことであるか、また女らしさとは一体どういうことか――などという問題は何年学校に学びましても、ハッキリ教わるということは、ほとんどないといってよいからであります。

ところが御校のように、男女別学制の学校ですと、その点は大へん良いわけでありまして、女性としての自覚とか、女性としての教養ないしはたしなみというような事柄も、これを自由にとり上げることができ、しかもそれらの問題について、かなり徹底的に究明することができるわけであります。わたくしが前回ごあいさつの初めに、今回皆さん方に対して、一年間お話する機会を恵まれたということは大へん喜ばしいことだと申しましたのも、実はこの点が大きいのであります。

さて、以上を以って、一応前回のごあいさつの補足といたしまして、これから本日のテーマに入りたいと思いますが、これについてわたくしは、ご覧のように、「人生二度なし」という題目を掲げたのでありまして、皆さん方の中にはこの点について、多少異様な感じを持たれた方も少なくはないと思います。ではどういう点が皆さん方に、異様な感じを与えたかと申しますと、それは余りにも分り切ったことではないか、こんな事は、何も今さら人から聞かなくたって、一人として知らない人間はないのに――と思われる人も少なくないでしょう。確かに一応はその通りだと言えましょう。

ところでこの点に関して、この際ひとつ皆さん方にお尋ねしてみたいと思いますのは、では皆さん方はこの「人生二度なし」ということを、本を読んだり人から聞かないで、純粋に自分自身に「嗚呼!! 今日までウカツでいたけれど、われわれのこの人生というものは唯一回限りのもので、絶対に二度とくり返すことの出来ないものだ!!」という事実を、この天地の間に唯一人立っているという思いで、しみじみと考えたことのある人が果たして如何ほどあると言えるでしょうか。もしこのように申してもまだ「だってそれぐらいの事は、わたしだって無いことないわ」とでもおっしゃる方がおありだとしたら、わたくしとしては、さらに一歩切りこんで、「ではあなた方は、この人生を生きてゆくそのエネルギー源を、この〝人生二度なし〟という自覚から得ているといえる人が、はたして幾人あるでしょうか」とお尋ねしたい。すなわち、皆さん方ご自身、この人生を生きてゆく生命の源泉、この自覚――すなわちわれわれのこの人生は、絶対に二度とはくり返し得ないものだから、一日といえどもウカツに過ごすわけにはゆかない。否、こうしてこの問題について、話し合ったりしている間にも、わたくしたちの人生は、刻々に過ぎ去り縮まっていきつつあるのであります。そしてこのいのちのローソクが燃え尽きたが最後、その時このいのちのローソクだけは、絶対に二度と再び手に入れることは出来ないのであります。

このような立場から考えますと、なるほどこのわたくしたちの人生には、色いろと深い真理があるとは思いますが、しかしそれらのもろもろの真理の中で、一ばん大事な真理は何かと申しますと、わたくしはやはり、この「人生二度なし」という真理ではないかと考えるのであります。否、この真理はいわゆる「真理」の名で呼ばれている、いかなるものにも優先する、絶対的な真理だと思うのであります。否、これは真理という以上に、絶対的な事実というべきでしょう。ところで、真にふかい真理、切実な真理というものは、このように先ず事実として絶対に動かぬものだとも言えましょう。これに反して、一おう真理だとは思うが、しかし事実としてはそういうものはあり得ないというのでしたら、それは真の真理とはいえないのではないかと思うのであります。すなわちわたくしの考えでは、真にふかい根本的な真理というものは、現われたり現われなかったりするようなものではなくて、かの大道坦々覇束《きそく》を存せずといわれるように、いつもわたくしたちの眼前に生きて作用《はたら》いているのであります。現にこうしてわたくしが皆さん方に対してお話をしている最中でも、絶対の真理は寸刻も止まることなく、はたらいているわけであります。しかるに先ほども申すように、それが余りに明白なために、かえって人々の多くは、とかくそれに気づかないのであります。しかしながら、この「人生二度なし」という真理は、先ほども申すように、人から言われたり、本などに書いてあるのを読めば、その時だけは思い出すが、平生はケロリとして忘れているようでは、そういう人にはこの絶対的な真理もその威力がいわば眠っているわけであります。しかも本人自身眠っていても、時は一瞬も留まらず流れ去るように、その人の人生は刻々短くなってゆくのであります。

ところが、わたくしも一応こうは申して来ましたものの、この「人生二度なし」という真理をつねに思い出して、これまで自分はついウカウカと過ごして来たが、いつまでもこうしただらしない日暮しはしていられない。何となれば、われわれのこの人生は、一たん過ぎ去ってしまったら、絶対に二度と再びくり返すわけにはゆかないものだから――と考えて、つねにわが身の生活を引きしめてゆくということには、なかなかなりにくいのが、われわれ凡人の常だといってよいでしょう。

現にかく申すわたくし自身の過去をふり返ってみましても、わたくしがこの「人生二度なし」という、人生最深の真理に目覚めかけましたのは、お恥かしい事ながら、三十代の半ばに近いころだったのであります。それというのも、わたくしという人間は、人生の二等分線ともいうべき三十代の半ば近くに達するまでは、このように明白かつ深刻な真理即事実に、深くは気づかずにいたわけで、まったく恥ずかしいなどというコトバを、たとえ幾十遍くり返しても、それで帳消しになるわけでは毛頭ないのであります。実際、先ほど来たびたび申して来たように、この「人生二度なし」という真理は、単に人から聞かされたり、又は本などで読んだ時だけ「ナルホド確かにその通りであり、それに違いない」などと、心のうちに肯《うなず》いてみましても、それが済めば、たちまちケロリとして忘れてしまうようでは、この真理が真にその人の中に生き出したとは申せないのであります。

では、どうしたらわたくしたちは、この絶大な真理が、多少とも身につき出したといえるかと申しますと、それがわたくしたちの日常生活の中において、もっとも深い処で、いわば生きる力の原動力になり出したとしたら、その時初めてわたくしたちは、この「人生二度なし」という人生最大の真理が、わたくしたちの体の中に、多少とも根を下ろしかけたといえるかと思うのであります。

そこからして、さらに申しますと、それはあなた方の場合には、単に人間としての生き方という程度ではまだ十分とは言えないわけでありまして、皆さん方が女性として、自分の一生というものを考え出すようになられた時、はじめてこの真理が多少とも身につき出したといえましょう。と申しますのも、単に「人間として」と考えている程度では、それはまだ平面的であって、立体的な生きた人生内容というものには、まだ入っていないわけであります。

ところが、そこへ具体的な人生の内容が入って来ますと、娘時代から結婚生活へ、そしてさらに妻及び主婦としての、生きた具体的な人生の内容が盛り込まれるわけであります。そしてやがてそこへ子どもが生まれるようになりますと、そこにはさらに、「母」という重要な任務が生じてくるのであります。そしてその子どもたちもそれぞれ成人して、それぞれが結婚して、親としての自分自身がたどって来たような人生行路をたどることが見通されるようになりますと、あなた方女性の方の人生も、はじめて足が地に着いた、充実したものとなるわけですが、その場合、その人の心の奥底に、つねにこの「人生二度なし」という真理が、どの程度に生かされているか否かが、それぞれの人の人生の深さを決定するわけであります。

実際わたくしの思いますのに、われわれ人間も「人生とは何ぞや」とか、あるいは「人生の意義いかん」などといっている間は、まだ真実の人生は始まっていないと申してもよいでしょう。つまりそれは、まだ人生の真理が実際的な活動を開始するための、いわばまだ予備的段階といってもよい状態であって、真実の人生は、この「人生二度なし」という自覚が、わたくしどもの日常生活の中に、しだいに深く浸透して、いわばその原動力となり出すようになって、初めて真の人生が始まったと思うのであります。

そしてさらにわたくし自身の経験を申してみますと、わたくしたちは自分が年をとるに従って、この「人生二度なし」という真理が、しだいに痛切に実感として感じられるようになるのであります。そしてそれは当然のことでありまして、年をとるということは言い換えれば、わたくしたちのこの地上における人生が、それだけ短くなるというわけですから、実は当然至極なわけであります。もし年をとりながら、このような深刻な人生最深の真理に気づかなかったとしたら、そういう人は、実に気の毒な人という他ないでしょう。何となれば、そういう人の人生は、きびしく申したら、実は「人間の一生」とはいい難いのでありまして、一種の「生物」としての一生というに過ぎないからであります。実際この地上の一切の生物の中で、ひとり人間だけが、この「人生二度なし」という人生の根本真理を自覚する可能性を恵まれているからであります。

第三講――人生の意義

校長先生が、名児耶先生をご案内してこられた。やがて名児耶先生は、おもむろに壇上に立たれて、一礼ののち、今日のテーマを板書せられ、さらに次のような詩を書かれた。

私の詩　　八木　重吉

裸になって　とびだし
基督のあしもとに　ひざまずきたい
しかしわたしには　妻と子があります
すてることが　できるだけ捨てます
けれど　妻と子をすてることはできない
妻と子を　すてぬゆえならば
永劫の罪も　くゆるところではない
ここに私の詩があります
これが私の贖《いけにえ》である
これらは　必ず　ひとつひとつ　十字架を背負うている
これらは　わたくしの血を　あびている

手をふれることも　できぬほど淡淡しくみえても
かならず　あなたの肺腑へ　くいさがって涙をながす

この前わたくしは、あなた方に八木重吉という詩人について話した上で、この人の詩を三つご紹介したですね。そしてそれらの三つの詩は、いずれも短い詩でしたが、それだけにその味わいは深く、随《したが》ってあの詩の味わい方は、人によって大へん違うといってもよいでしょう。

ところが、今日ここにご紹介する詩は、どなたにもその意味はお分りになるでしょう。それというのも、この詩は、重吉自身が、自分の詩に対する心がまえともいうべきものを、端的に打ち出しているからであります。

同時に皆さん方も、これによって前回わたくしが、八木重吉の詩の特色の一つとして、宗教的だと申したことが、この詩一つを読まれただけでも、よくお分りかと思います。というのも、すべての詩人が、重吉ほどに自分の詩にいのちを賭けているとはいえないからであります。いずれそのうち申そうと思っていましたが、重吉は三十歳の若さで、すでにこの世を去っているのです。それは病気のせいですが、その病《やまい》というのが、当時(昭和二年昇天)不治の病気とせられていた呼吸器病だったのであります。

しかも重吉にとっては、最愛の子だった桃子や陽二も、やがて同じ病で斃《たお》れたのでありまして、これらによっても重吉の詩は、かれにとっては文字通りその贖《いけにえ》だったわけであります。

さて前回には、わたくしは「人生二度なし」という題でお話申したのですが、しかしこうした問題は、現在の皆さん方にとっては、あるいは「そんなこと分り切ってるじゃないですか」といわれそうだということは、わたくしにも分らぬわけではありません。しかしそれ故にこそわたくしとしては、この際どうしても取り上げずにはいられないのであります。と申しますのも、前回にはわざと申すことをさし控えたのですが、この「人生二度なし」という真理は、実はわたくしにとっては、いわば一生のお守りであり、むしろ「護り本尊」とさえ申したいほどであります。とにかくわたくしにとっては、いやしくも人生について考える場合、これを離れては一切が空になるのであります。ですから、現在の皆さん方にとって、それがたとえどんなに受け入れられないとしましても、この問題だけはどうしても最初に聞いて頂かねばならぬと思うわけです。

と申しますのも、もしそうしなかった場合には、今後わたくしがどの様な問題についてお話するとしても、それはいわば地下工事を欠いた建物同様でありまして、結局それは、真の根底を持たぬ無力なものとなる他ないからであります。すなわち、私の人生観と申しますか、人間の生き方に関する考えは、一切がここから発すると同時に、またすべてがここへ帰ってくるわけであります。

ところが、われわれ人間の一生に関しては、この「人生二度なし」という問題と関連して、実はもう一つ、これに類した人生の根本的真理があるのでありまして、それを明らかにしなければ、わたくしとしては人生についてお話することが出来ないのであります。ところが、そのもう一つの問題と申すのは、実は「人生二度なし」という問題よりも、さらに皆さん方にとっては、関係の薄い事柄かと思うのであります。しかしこの点を明らかにしないかぎり、今日のテーマである「人生の意義」というような根本的な問題について、ある程度理解して頂くわけにゆかないのであります。

と申しますのも、最近人生論に関する書物は、ずいぶん沢山出ていますが、しかしそれらの書物を手にすれば、だれでも人生の意義が分るというようなものではないのであります。なるほど、一応常識的な程度のことなら、大ていの書物に書かれているともいえましょう。しかし真に透徹した立場に立って、人生の意義の徹底的に説かれている書物というものは、どうも意外に少ないのではないかと思うのであります。

しかしそれは、わたくしから考えれば、ある意味では当然のことかとも思われるのであります。と申しますのも、もともとわれわれ人間というものは、自分から「ひとつ人間に生まれてやろう」と考えたり、意図して、この世に生まれ出た人は一人もないのでありまして、わたくしの考えでは、この点について根本的に考えることが、人生の意義を考える上では、非常に大事なことと思うのであります。何となれば、結局突きつめて申せば、わたくしたちは自分の考えとか、あるいは自分の力によって、この世に生まれ出たものではないからであります。そこで、そうとしましたら、そのように自己を超えた「力」によらなければ、この世に生まれ出ることさえできないわたくしたちに、どうして「人生の意義」というような絶対的な問題について、根本的に知ることができるでしょうか。われわれ人間の分際では、むしろそれを知ろうとする事自身が、根本的には不可能なわけであり、さらには僭上《せんじょう》の沙汰とさえ申せましょう。ですから、先ほどわたくしの申したように、現在出ている人生論ふうの書物の多くが、どうも今一歩という感じがするのも、実はこの点の矛盾について、著者自身がどうも気づいていないらしいからかと思うのであります。

今わたくしが、「この点の矛盾について」と申しましたのは、先ほど来申すように、われわれ人間というものは、自分の力によってこの地上に生まれて来たのではないのに、人々の多くはまるでこの点を忘れたかの様に思われます。そして人生の意義というものが、人間の力だけで割り切れるかのように考えているその矛盾について申すのであります。もっとも、こう申しますと皆さん方の中には、「なるほどわれわれ人間は、自分を生みはしないが、しかし人間を生んだのは親ではないか」といわれる方もありましょう。確かに一応はその通りであります。しかしながら、それは一歩突っ込んで考えますと、そういう親自身、実は自分の「力」でわが子を生んだといえるでしょうか。そうでないことは、たとえば世間には、どんなに子どもを欲しがっても、授からない夫婦もあるかと思えば、それとは反対に、もうこの辺でよいと思うのに、また一人生まれた――(一同笑う)などという場合の少なくないことによっても、お分りだろうと思います。

ではわたくし自身は、この点について一体どう考えているかと申しますと、われわれ人間は、人類を超えるのはもとより、さらに万物をも超えて、それらのすべてを生み出しつつある宇宙に内在している絶大な根本生命の「力」によって、この地上に生み出されたという他ないと思うのであります。少なくとも、それ以外にわたくしとしては、考えようが無いのであります。同時に、ここまで問題を突きつめますと、とかくわり切れないように思われていた、人間に関する種々の疑問というか問題なども、よし解決がついたとは言えないにしても、とにかく解決への方向というか、微光だけは射し初《そ》めたかに思われるのであります。

このように、われわれ人間というものは、他の万物と同じくそれらの一切が、この大宇宙の根本ともいうべき或る「絶大な力」によって生み出されるわけですが、唯そうした絶大な「力」を、何と名づけたらよいかということになりますと、人によって色々とその名称が違うのも、やむを得ないと思います。たとえば、キリスト教ではこれを神と呼び、また仏教では如来とか仏などと呼んでいることは、皆さん方もご存じの通りであります。しかしながら、総じて名称が違えば、やはりそれだけその趣も違うわけですが、しかしここではそうした問題に立ち入って、議論がましいことを申す気もちはありません。それよりも、そうした絶大な大宇宙の「力」によって、万物と共にわれわれ人間も、この地上に生み出されたのであり、そしてかく言うお互い一人々々もまたそうでありまして、そこには一人の例外もないわけで、これは想えば実に驚くべき事柄といってよいでしょう。

もっとも、この点については、ある種の人々は、それに対して「驚歎したり讃歎するよりも、何ゆえ神は——かりに便宜上神というコトバを使うとして——この世に人間や万物を創造したのか。それを考えるべきではないか」と思う人も少なくないことでしょう。しかしこの問題もまた根本的に申したら、被造物の一種に過ぎないわれわれ人間には、ほんとうのことは分るはずはないともいえましょう。ただ、キリスト教の立場からは、「それは神の栄光を顕わすため」であると考えられているようであります。実際この地上のどんなにささやかな、一見見るかげもないほどの雑草でさえ、仔細《しさい》にながめますと、それぞれに限りない美しさの賦与されていることは、ただただ驚歎、否、讃歎の他ないからであります。

そこで、このように考えて参りますと、わたくしたちはまた、人間がこの地上の「生」を賦与せられたのは、さらに宗教的ないい方をいたしますと、「われわれ人間は、神からこの世へ派遣せられたものだ」とさえ言えそうに思うのであります。そして近ごろのわたくしには、こうした考え方のほうが、しっくりするようになって来たのであります。しかし若い皆さん方にしたら、こういう言い方はどうにも納得し難いと思う方が多いでしょう。と申しますのも、「神がわれわれ人間をこの世へ派遣した」などという表現は、いわば神に対する擬人化的な表現でありますから、わかい皆さん方にしっくりしないのは当然でしょう。しかしながら、ある種の人々――それは心浄らかに物事の内面を見ている人びとにとってはそのほうが、神を「絶対的生命」と呼び、われわれ人間は絶対的生命の自己限定の所産だなどという概念的な表現よりも、はるかに深くその心情が充たされることでしょう。すなわちわたくしたちが、もし素直に純粋な心情に生きるようになりましたら、われわれ人間は、それぞれ神からこの地上へ遣わされたものである――という考え方のほうが、しっくりと受けとられることでしょう。そしてその理由はと申せば、それは結局われわれ人間が、この肉体をもっている処から来るもののようであります。つまり自分自身が肉体を持っているために、大宇宙の根本生命に、肉体などのあろうはずはないにも拘らず、そうしたいわば擬人的な表現なり考え方のほうが、しっくりするという人のあるのも、ある意味ではムリからぬことと思うのであります。

ところで、なるほどわれわれ人間は、このように、神からこの地上に派遣せられたものといってもよかろうかと思うのですが、ここに一つの問題は、人が人を派遣する場合なら、最初から派遣の使命は知らされているわけですが、われわれ人間が神によって、この地上へ派遣されたとしますと、その場合には、課せられた使命の内容は、いわばわたくしたちの躰の中に、蒔き込まれているようなものでありまして、最初からそれの分る人間は一人もないわけであります。同時にその点では、孔子や釈迦、またキリストやソクラテスにしましても、われわれと同様、生まれ落ちたそもそもの最初から、自分がこの地上へ派遣された使命を知っていたわけではないはずであります。唯これらの方が偉いのは、人生のある年齢に達するや、それぞれ自分が何ゆえこの地上に派遣せられたかという、その偉大な使命を、深く自覚せられたということであります。

しかも不思議なことには、これら「世界の四聖」と呼ばれるような人びとは、このように神から派遣せられた自分の使命を自覚せられた時期が、年齢的にほぼ同じ年頃だったのでありまして、何れもほぼ三十代の半ば辺でありまして、これは実に驚歎に値する事柄だと思うのであります。同時に、さらに注目すべきは、このような、いわば人類の代表的偉人ともいうべき人びとでさえ、神から派遣せられた自らの使命を自覚されるのに、ほとんど人生の半ば近くの歳月を費されたということは、そこには実に測り知られない深い意義が含まれていると思われるのであります。しかし、それにもまして更に驚くべき事は、これらの人々とは天地ほどの隔たりといってもまだ足りないわれわれ凡人の場合でも、自分が神から派遣せられた使命に気づき出す年齢は、ほぼ同じくらいの年頃が多いということであります。

そこで、今日の話の最後の結論としましては、そういうわけですから、皆さん方も今からそのつもりで、人生の半ば頃までには、自分がこの世に派遣せられた使命が何であるかということを、探り当てるような生き方をして頂きたいということであります。同時に、それによって初めて皆さん方の人生は、真に生き甲斐のあるものとなりましょう。

第四講 —— 幸福と生きがいの問題

今日は雨天だったが、名児耶先生には道服姿で、校長先生の先導でご入場。やがて壇上にのぼられ、一礼の後、今日のテーマと共に、八木重吉の次のような詩をお書きになられた。

(1) 咲く心　　八木　重吉

うれしきは
こころ　咲きいずる日なり
秋　山にむかいて　うれいあれば
わがこころ　花と咲くなり

(2) 花と咲け

鳴く虫よ　花と咲け
地に　おつる
この秋陽　花と咲け
ああ　さやかにも
このこころ　咲けよ　花と咲けよ

(3) 赤ん坊が　わらう

赤んぼが　わらう
あかんぼが　わらう
わたしだって　わらう
あかんぼが　わらう

さて前回には、八木重吉という詩人が、その生前一たいどういう心がまえで詩をつくったか——という点を、重吉自身のコトバによって、ご紹介申したのであります。しかもそれ自身がまた詩の形態で表現せられているために、いかに心無きわたくしどもでも、深い感銘を受けずにはいられなかったのであります。

ところで、今日ご紹介したいと思う三つの詩のうち、最初の詩(1)についての問題は、重吉自身は「心咲きいずる日なり」といっていますが、しかし「心が咲く」という表現は、一たいどんな意味なのでしょうか。しかもその点を解くヒントは、「こころうれいあればわがこころ花と咲くなり」といっている点でしょう。結局それは、心の扉が開けるとか、心が開放されて爽やかになる——というほどの意味ではないでしょうか。

そして、そういう見方で次の詩(2)をみますと、最後のところで、「このこころ花と咲けよ」とある事によって、この点が分りましょう。しかしそれでは、最初のところで、「鳴く虫よ　花と咲け」といったり、「この秋陽　花と咲け」と詠んでいるのは、一たいどういう意味かが問題といえましょうが、作者の心が、花の咲くように打ち開かれれば、鳴く虫の音も、秋の落日の光も、神の光を浴びたように輝いてくる——とでもいうほどの意味でしょう。

そうして最後の詩(3)は、そうした生命の全開放の趣を、もっとも端的に表わしているのは、「赤ん坊の笑い」だというのでしょう。

前回には、「人生の意義」というテーマで、人間の一生というもの、さらには、このわたくしたち一人一人の人生というものについて考えてみたわけでしたが、それは結局このわたくしたちは、われわれ自身の力でこの世に生まれて来たのではなく、大宇宙そのものの絶大な力によって、この地上へ生み出されたのであって、それをもう少し表現を変えて申しますと、いわば神からこの世へ遣わされたものだとも言えるわけであります。しかし単にこう申しただけでは、わかい皆さん方には、しっくりと受けとって頂けないと思いますし、またそれもムリからぬことと思います。しかしながら、わたくし自身の最近到達したところでは、このようにわれわれ人間は、神からこの地上に派遣せられたものだと考えることによって、初めて真に心の落ちつきが得られるようになったのでありまして、それによってささやかながらも、自分のなすべき事に対して、全力を傾けて取り組まねばならぬと考えるようになったのであります。これは不思議といえば実に不可思議千万な事ともいえますが、しかし結局はわれわれ人間が、単に「習性」とか「知性」というような観念だけに留まるかぎり、それはまるで気体みたいなものでありまして、なるほど透明ではあっても、真に生きる「力」とはなりにくいのであります。と申しますのも、われわれ人間は、いわゆる純粋な透明体ではなくて、この肉体をもった存在でありまして、それはいわば知性と心情と意志との生きた綜合体だからでありましょう。つまりこのような肉体をもち、いわば知・情・意の塊としてのわたくしたち自身に、しっくりと受け止められ、受け入れられるのでなければ、つまり単なる理論のキレイ事では、われわれ人間にとっては真に生きる力とはなりにくいと思うのであります。

しかしながら、現在の皆さん方のように若い方々にとっては、すぐに「われわれ人間は神からこの世に派遣せられたものである」というふうには考えにくいでしょうし、それはまたわたくしから考えても、ムリからぬことかと思うのであります。そこで只今のところでは、「ナルホド世間にはそういう変な考え方をしている人間もあるのか」という程度でかまいませんから、ここ当分の間は、普通に人びとの考えているような問題から出発しながら、人生の問題について考えることにしたいと思います。

ところで、普通に人びとの考えるような問題から——ということになりますと、やはり「幸福」というような問題が、一ばん一般的な関心事ではないかと思うのであります。つまりそれは「人間の幸福」という問題であって、これなら皆さん方にしても、だれ一人として幸福や幸せを求めない人はないでしょう。かく言うわたくし自身も、それに対しては何ら反対でないどころか、大いに賛成でありまして、皆さん方一人びとりの方が、みんな幸せになって戴きたいと、心から願わずにはいられないのでありま す。

ところが、それにも拘らず現実の人生というものは、なかなかそうは行きにくいのであります。現に皆さん方にしても、「わたしは本当に幸せよ」（一同笑う）なんて始終ニコニコしたりなんかしている人は、ごく少ないのではないでしょうか。始終そう思っている人なんて、ウッカリすると、一人もないといってよいかも知れません。では何ゆえそうかと申しますと、それはわれわれ人間というものは、ある立場からは、まるで「慾」の塊みたいなものだからであります。随《したが》ってそれらの色々な慾望が充たされない限り、わたくしたちは、自分を幸福だとは考えないのであります。そしてこれが結局わたくしたち人間の現実ではないでしょうか。

そこで、このように考えて来ますと、いよいよ分らなくなって来るともいえましょう。というのも、人生の意義を求めて、幸福な人生というものを考えてみた処が、それはなかなか容易でないというわけで、しかもその根本原因は、われわれ人間が、ある意味では「慾望の塊」ともいえるような存在だからであります。

そこでどうしても、次のような事になりそうですね。すなわち、もしわれわれが幸せというものを、普通に人びとの考えているように、単に自分の慾望が充たされることだと考えている以上、われわれはいつまでたっても、幸福にはなれそうもないというわけです。そしてそれは只今も申すように、人間の慾望には切りがありませんから、一つが充たされればその次またその次と、無限に充たされない慾望の連鎖が続いているからであります。そこで、そういうことになったとしますと、それは幸せどころか、かえって悩みであり、悩みの連続ともいうべき状態だといってもよいではないでしょうか。

そして、ここにいられる皆さん方の多くもまた、実はこのような状態の中にいられる方が多いのではないでしょうか。わたくしには、どうもその様に考えられてならぬのであります。しかしながら、これは何もあなた方だけの問題ではなくて、実はほとんどの人間が、もしその心の内面を窺うことができたとしたら、そうだといってもよいのではないでしょうか。随って、そこに人生の生き甲斐などの見出されないのは、むしろ当然といってもよいわけです。そこで、以上申してきたことの結論としては、人生の意義というものは、このように唯単に自分一人の幸福を求めるという態度からは得られないものだということが分ったわけであります。

そのためでしょうか。近ごろの人生論は、これまでのような「幸福論」よりも、「生き甲斐論」に転じて来たように思われます。実さい、戦後三十年に近い最近まで、わが国では幸福論の花盛りで、どこへ行っても「幸せ!!　幸せ!!」と騒いでいましたが、そうした風潮に対してわたくしは、いつも「幸福というものは、直接にこちらが求めたのでは得られないものだ」ということを力説して来たのであります。では、どうしたら幸福が得られるかと申しますと、それには　㈠自分の果たすべきつとめをはたすこと、㈡何でもよいから物事を仕上げること、および㈢人に対して親切にすること、という三カ条を守ることが、いわば幸福獲得の三大秘訣といってよいでしょう。随ってこれら三つの条件さえ努力していれば、何ら意識的に求めなくても、幸せはしぜんに与えられるものだと申して来ているのであります。しかしジャーナリズムというものは、とかく浮薄に流れやすいものですから、それに動かされやすい多くの人びとには、こうした地味な手堅い主張は喜ばれないわけであります。

ついでながら、何ゆえジャーナリズムは浮薄に流れやすいかと申しますと、それは読者のために——というよりも、どうしたら沢山売れるかが最大の目標ですから、いかにして読者の心が引きつけられるか、それには読者の好奇心の弱点に乗じて、それをあおるという傾向になりやすいからであります。

しかし、さすがにわが国のジャーナリズムも、今や単なる幸福論では、読者の心をつなぎ止められなくなったのでしょう。最近の人生論は、皆さん方もご存じのように、幸福論からしだいに「生き甲斐論」に転じて来つつあるようであります。ということは、上に申したように、直接に幸福を目当てとしていたのでは、真の幸福は得られず、したがって、人生の真の生き甲斐も得られないことが、遅蒔きながらも、ようやく人びとの間に行きわたって来たせいかと思われます。

そしてそのために、最近では人生の意義は、人生に生き甲斐の感じられる処にある、といった考え方に転じ出したのであります。随ってこれは、これまでのように、唯「幸福!!　幸福!!」と、空しい叫び声を出しているよりは、確かに一歩前進といってよいでしょう。しかし問題は、「では一体どうしたらわれわれは、この人生に生き甲斐を感じることが出来るか」ということでありまして、もしこの点がハッキリしていなかったり、あるいはそこに誤りがあったとしたら、これもまた前の「幸福!!　幸福!!」と、空しい叫びをあげていたのと、結果的には大して違わぬともいえましょう。それにしても、戦後のわが国では、とにかく目標だけは高くなりましたが、「ではどうしたらそれに達することができるか」という点になりますと、とかくハッキリしていない場合が多いようであります。同時に、こうした処にもわたくしは、戦後の日本を考える上で、ひとつの重大な弱点があるかと考えるのであります。現に、唯「幸福!!　幸福!!」と、単にコトバの上だけで浮かれているよりも、「人生の生き甲斐」を求めるという方が、人生のねらいとしては、一歩を進めていると思いますが、しかし一たいどうしたらこの人生に真の「生き甲斐」が感じられるかということになりますと、その点がハッキリ示されていない主張では、やはり空疎という感を免れないのであります。

実際、この人生に生き甲斐が感じられるとしたら、それはわたくしもスバラシイことたと思います。もし真にそういう境地に到達できたとしたら、それは確かにスバラシイことであり、それこそ人生の真の生き方といってよかろうと思います。しかし問題は、一体どうしたらそういうことが可能かということであって、もしその点が明らかにされていないとしたら、なるほどコトバの上からは何ら誤りはなくても、結果的にはやはり空しいということになりましょう。

ではわたくし自身は、この点について一体どう考えているかと申しますと、それは先ほど「真の幸福を得るにはどうしたらよいか」という問題のところで申したように、要約したら結局三つの事になると思うのであります。すなわち㈠人は自分のなすべき勤め（責任）に対して、つねに全力を傾けてそれと取り組むこと、㈡第二には、自分の計画したことを美事に仕上げること、㈢そして第三には、人に親切にし、人のために尽くす、という以上の三カ条を守るという事であります。同時にこの三つの事柄に対して、つねに真剣に努力したら、わたくしたちは、そんなに「幸福!! 幸福!!」と騒ぎ廻らなくても、おのずから幸せになり、また「生き甲斐!! 生き甲斐!!」と叫ばなくても、しぜんに人生の生き甲斐が感じられるようになれると思うのであります。つまりギブ―アンド―テイクの主張のように、幸福とか生き甲斐とかを手に入れるにもわれわれ人間は、まずこちらからさし出さねばならぬ物があるわけで、それがすなわち先ほど来申してきた三カ条なのであります。随って真に幸福が得たかったら、われわれは、㈠自己のなすべき勤めに対して、つねに全力的に取り組んでいるかどうか、㈡また、自分は自ら計画した物事を美事に仕上げたという悦びを味わっているかどうか、㈢さらに自分は、人に対して親切にし、人のために尽くしているかどうか、と、つねに反省するように努力していれば、わたくしたちはしぜんと幸せになり、この人生に生き甲斐を感じるようになると思うのであります。

以上わたくしは、一応結論を皆さん方の前に提出したわけですが、さらに一歩をすすめて考えますと、一体どうしたらわれわれ人間は、以上述べた三つの事柄と、真剣に取り組むようになれるかという問題が、最後に残るわけであります。しかしこの点について、わたくしに言えることは、ここまで来てはじめて、わたくしが前にお話した、「われわれ人間は神からこの地上へ派遣せられたものである」という考えに立つ他あるまいということであります。すなわち、この自分というものが、この世に「生」を享《う》けたところの使命、言いかえれば、自分の為すべき事は如何なる事か、ということを突き止める以外に、途《みち》はあるまいと思うのであります。

そもそも、人生の問題を考えるには、一おうこの人間界を超えた絶対的な立場、すなわち神仏の立場から考えねばならぬわけでありまして、もしそうでなければ、無限に尽きない努力というものは不可能だからであります。それは物にたとえますと、水道をひねれば、いつでも水が出ますが、しかしそのためには、実は見えない処に巨大な貯水池が設けられているからですが、それと全く同じ道理でありまして、この地点までたどり着くことによって、初めてわたくしは皆さん方に対して、もう一度「われわれ人間は、神からこの世に派遣せられたものである。随ってわれわれは、何をすることが、神から命ぜられた自分の使命であるか」という根本的な課題を提出しなければならぬわけであります。同時に、かくして初めてわたくしたちは、真に生き甲斐のある人生を生きることが出来るかと思うのであります。

第五講――両性の分化とその神秘

名児耶先生は、今日も校長先生のご案内でご入場になり、小憩の後、おもむろに壇上に立たれて、一礼の後、今日のテーマと共に、次のような八木重吉の詩をお書きになった。

(1)　静寂は怒る　　　八木　重吉

静寂は　怒る
みよ　蒼穹の　怒《いきどお》りを

(2)　ほそい　がらす

ほそい
がらす　が
びいん　と
われました

(3)　しずけさ

ある日
もえさかる　ほのおに　みいでし
きわよりも　あらぬ　しずけさ
ある日
憎しみ　もだえ
なげきと　かなしみの　おもわにみいでし
水の　それのごとき　静けさ

あなた方に、八木重吉の詩のご紹介をはじめてから、今日で四回目になりますが、多少はその良さというか、特色がお分りになり出したですか。

さて、今日は重吉の詩の一つの特色ともいうべき、「静けさ」の趣のよく現われている詩を、ここに三つ選んでみました。

このうち、最初の詩(1)のねらっている処は、静けさというものは、心なき人びとの眼には、ただ無力なように思われましょうが、実はその内面には、ひじょうな力が潜んでいることを、大空の怒りという面から詠んだ詩といってよいでしょう。そしてここに大空（蒼穹）が怒るとあるのは、暴風とか台風とか、さらには雷や竜巻のような現象などを意味していると思われます。

ところが、次の詩(2)になりますと、皆さん方にも、この詩のどこが一たい良いのか、分らぬと思われる方もおありでしょう。それというのも、事柄自体としては、ただガラスが割れたというだけの平凡極まる出来事だからであります。しかし静かに味わってみますと、静けさの中に何ともいえない力強さのこもっている事が感じられましょう。そしてそこがこの詩のねらいなのでしょう。

次に(3)の詩もまた「静けさ」をねらっているわけですが、前半では、それを炎々と燃え盛かる焔の先に見ているに対して、後半では、憎しみとか、もだえや歎きや、悲しみというような、人間の激情の瞬間に、まるで水のような静けさが見られる――趣をうたっているわけでありまして、流石《さすが》にと思われます。

前回にはわたくしは、戦後盛んにいわれて、今日に至ってもまだ多少はその尾を引いている「人生の目的は幸福にある」という考え方に対して、普通に人びとの考えているのとは多少違った角度からお話したのでした。そしてそれは、「幸福」というものは、直接それを追い求めたのでは、多くの場合得られぬものであり、かりに得られたとしても、それは決して永続しないものだということをお話したのであります。

同時にそこからして、人びとの多くは、戦後三十年近くも求めてみたけれど、結局幸福というものはなかなか得られず、そこからして人びとは今や幸福に代って、「人生の生き甲斐」を求めだしたということは、幸福観に対して一歩前進したものといえましょう。ですからその意味では、結構なことと申せましょう。というのも、それは直接幸福自体を目標にするよりも、この方が人生の生き方と取り組むところがあるからであります。しかし、これでさえ、もしどうしたら人生の生き甲斐が感じられるか、というその方法がハッキリと示されていなければ、たんに目標を掲げただけで、人生の真の「生き甲斐」を身につけるわけにはいかないわけであります。

そこで、こうした点からしてわたくしは、以前の幸福論にしても、またこうした「生き甲斐論」にしても、結局はわたくしが前に申した三つの事柄、すなわち㈠自分のなすべき勤め（責任）につねに全力を傾けて取り組むこと、㈡つねに積極的に物事を工夫して、それを仕上げる創造的なよろこびを味わうこと、そして第㈢には、人に対して親切にし、人のために尽くすことによって、真の幸福感や生き甲斐感は得られると思うのであります。かくして人生の幸福にしても、あるいはまた人生の生き甲斐にしても、結局これら三つの事柄を踏まえて、まともな生き方をする他ないと思うのであります。

そこで以上三つの事が、この人生においては最も大切な事柄だということが、一応はお分りになったかと思うのであります。ところが、こうなって来ますと、われわれはまたもや一つの大きな問題に当面するのであります。と申すのは、これら三カ条のうち、第二第三はとにかくとして、第一条については、実は男性と女性とでは、その任務というか仕事の性質が大へん違うからであります。すなわち、「自分の為すべきつとめ（責任）に、つねに全力を傾けて取り組まねばならぬ」といいましても、男と女とでは、「自分の為すべきつとめ」というのが、根本的に違うからであります。そこでわたくしのこのお話も、どうしてもこの「男性と女性」の問題を取り上げねばならぬわけであります。と申すのも、この「男女両性」の問題は、わたくしどもが人生を考える上で、もっとも根本的な問題の一つといってよいからです。しかるに戦後わが国の社会では、アメリカ文明の模写的移入のために、男女両性は、なるほど人間としては共通的な基盤に立っていますが、その性情と任務の上からは大きな違いがあるという面が、ともすれば閑却せられるきらいがあるのであります。そしてほとんど、真剣には取り上げられずに今日まで来たのでありまして、これではいかに「文化国家」を標榜しても、どうも浅薄なものとなる他ないと思うのであります。と申すのも、そもそも男女両性の別というものは、その根ざすところは実に深くして遠く、結局は宇宙生命そのものにその淵源をもつものだからであります。それゆえ、今これを無視して、男・女をほとんど区別のないもののように考える近ごろの傾向風潮は、人生の考察としては、結局浅くして平板なものとなるわけであります。しかるに人びとの中には、かえってその方が進んだ考えであるかに誤解しているところに、戦後わが国の文化の在り方に、根本的な問題があるわけであります。しかしこの点については、次回に多少立ち入って考えることにして、今日はそれへの基礎論として、まず男・女の性別の問題を、いわば宇宙論的な視点から大観して見たいと思うのであります。

　ところで、この大宇宙というものは、ある角度から考えますと、絶大な生命であると共に、それはまことに驚歎すべき動的バランスにおいて存在しているものでありまして、人類の思想史上、この点に対して、もっとも高大な立場から考察しているものは、ある点からは、かの漢民族の生み出したいわゆる「易」の世界観といえるかと思うのであります。そしてこの「易」の世界観によりますと、万物はすべてプラス（陽）とマイナス（陰）という二種の異質的原理によって、そのバランス、すなわちその動的平衡が保たれていると考えられているのであります。随《したが》って、この陰・陽の哲理というものは、これを大にしては、直接われわれの見ている範囲でも、太陽と地球、地球と月というように、天体間の現象はもとより、これを小にしては、樹木の葉一枚をとってみましても、そこには表・裏の違いがあるわけであります。あるいは更に、わたくしたちの人躰について考えてみましても、頭と足とか、胸や腹に対して背中とか、あるいはまた、右手と左手とかいうように、いかなる点をとってみても、一種の動的バランスのとれていない処はないのであります。そしてそれらのうち、このような哲理が一番顕著に伺われるのは、何といっても物理の世界における陰電気と陽電気との間に成立する動的バランス、並びに生物界における雌雄の問題でありましょう。随ってわたくしたちは、これら二種の現象を手掛りとしつつも、そこからしてこの大宇宙生命というもののもつ「神秘」の扉の一端を、垣間見ることが出来るかと思うのであります。

さてそのうち、電気における陰・陽の問題はしばらくカッコに入れるとして、このような陰・陽の理というものは、広く生物の世界にも見ることができるのであります。否、それは電気の世界などとは違って、千変万化とでも申しましょうか。実に複雑きわまりない様相を呈しているのであります。しかしながら、いかに複雑多端な様相を呈しているといっても、大観すれば結局植物界と動物界ということになるわけであります。もっとも生物の世界でも、もっとも低い段階はアメーバのような単細胞生物がありまして、それらは細胞分裂によってその増殖が行なわれているわけで、この点は後の植物や動物における繁殖の様式と比べて、非常に大きな相違といってよいでしょう。

　そこで次に植物界について考えてみますに、その繁殖は特殊な樹木、たとえばイチョウなどのような若干の例外を除けば、植物はすべて一つの花の中に雄ズイと雌ズイがあるわけで、それによって生命の繁殖作用が行なわれているわけであります。ところが、その点は動物ともなれば、さらに一段と分化して、雌・雄異体というのが原則になって来るのでありまして、この点だけから考えても、動物は植物と比べて、その生命の次元が一段と高いわけであります。たとえば、何十メートルもある高い樹木と、ゴマ粒やケシの種子ほどに小さい昆虫類とを比べてみましても――もし小さな子どもでしたら、そんな小さい昆虫などはつまらぬ物と思うかも知れませんが――しかし㈠樹木はいかに大きくても、自分の力で動けないのに対して、昆虫のほうは如何に小さくても、自由に飛ぶことができるのでありまして、つまりそれだけ生命の次元（段階）が高いわけであります。同時に、㈡樹木のほうは、いかに高くかつ大きくても、一つの花の中に生殖の器官があるのに対して、生物の一種としての昆虫は、いかに小さくても、その生殖作用は雌・雄異体によって行なわれる点からしても、生命の次元が高いわけであります。

　さて、以上をふり返って見ますと、単細胞生物にあっては、その生殖は細胞分裂によって行なわれ、また植物においては、一つの花の中に雌ズイと雄ズイがあって、その花粉の交配によって生殖が行なわれ、さらに動物ともなれば、雌・雄異体であって、その交尾によって生殖作用が営まれるわけであります。では何故このような相違があるかと申しますと、細胞分裂という様式では、何万年たってもそこに「発展」ということは望まれませんが、植物のように生殖器官が雄ズイと雌ズイとに分れますと、もしも花粉の異種交配が行なわれれば、そこには種類の変化が生じるわけでありまして、現在地上に見られる何千万種とある植物の種類は、みなそうして出来たものであります。さらにそれが動物ともなりますと、雌・雄異体となりますから、その変種は植物以上に豊富になるわけであります。つまり、生命の内容が豊富複雑に現われるためには、雌・雄異体の生殖様式が必要なわけであります。

今こうした点では、われわれ人間ももとより動物の一種ですが、ただわれわれ人間の場合には、その一人一人が個性をもっているのは、結局は雌・雄異体だからでありまして、こうした事ひとつをとって考えてみましても、男・女はそれぞれに違って、その特色が顕著になるというのが、そのあるべき本来の姿なわけであります。同時にこのように考えて来ますと、戦後から現在にかけてのわが国のように、男女の共通面のみを強調する傾向は、国家社会の上から考えても、決して健全な状態とはいえないのであります。何となれば、いかに男女を一様に考えようとしましても、その身体的構造は、厳として男・女異体の原則を崩すことはできないからであります。

さて、こうしたわたくしの主張を、もっとも顕著に示す事柄として、わたくしは次のような「宇宙的神秘」を挙げたいのであります。それは何かと申しますと、大きな戦争によって、男子の数がいちじるしく減少した場合には、その後数年間は、男児の出生率が高いという現象でありまして、事ここに到っては、もはや「大宇宙の神秘」という以外に、いかなる解釈も施しようがないと思うのであります。そもそも何物が、このような事象を生起せしめるのでしょうか。われわれ人間の知慧では、とうてい測り難い大宇宙の深い「神秘」という他ないと思うのであります。

同時に、このような宇宙の神秘は、眼をひるがえせば、われわれ人間の身体的構造の上にも、明らかに窺いうるのでありまして、われわれ人間の男・女は、その身体的構造の上にも、顕著な相違が見られるわけであります。しかもその相違たるや、実に微細な点に到るまで窺われるのでありまして、わたくしどもはそれを知れば知るほど、まったく驚歎の他ないのであります。同時に、こうした点を考えますと、男・女をほとんど区別しないような考え方や扱い方が、いかに大きな誤りかということを深省せしめられるのでありまして、そうしたことは、いわば大宇宙の「神秘」に対する重大な冒瀆というべきだからであります。では、このようなことが、一たいどうして行なわれるようになったかと申しますと、結局西洋的な人間本位論《ヒューマニズム》、すなわち人間のみを重視して、この大宇宙を背景とする一切の有情《うじょう》（生き物）の存在意義を認めない、あるいは軽視する西洋風な物の考え方からくるのでありまして、この事は自然科学文明における「公害」と、根本的にはその質を等《ひと》しゅうしているといってよいでしょう。

しかるに、この種の事柄については、あなた方のような世代の方々は、ほとんど教えられる機会が無かったかと思われるのでありまして、これはひとり民族全体の上から考えて不幸なばかりでなく、あなた方一人一人についても、これからの人生を考える時、今のうちによほど注意しないと、不幸の原因となる可能性が大きいといってよいでしょう。またそれ故にこそ、わたくしのような人間が、たとえ現在のあなた方には、大して喜ばれないとしても、こうして真理を語らずにはいられないのであります。何となれば、こうした問題というものは、人間の生き方から考えて、もっとも根本的な問題に関わる事柄であって、その誤りは、人間生活の一切の上に、その影響を及ぼすからであります。そしてそれは、人間生活の基盤としての、家庭生活の上に及ぼす影響がとくに重大でありまして、戦後わが国の離婚率が、アメリカについで世界第二位だったのが、ここ数年前からは、アメリカをも凌いで離婚率が世界の第一位を占めるに到ったことなどは、そうした誤りの最も顕著な一例でありまして、いやしくも想いを民族の上に馳《は》せる人びとにとっては、まったく戦慄を禁じえない現象といってよいでしょう。随って今日は、とりあえず根本的、原理的な考察に留めて、次回にはいま少し具体的な、現実的な諸問題について考えてみたいと思うのであります。

第六講――同権と分担

今日から五月に入って吹く風も爽やかである。名児耶先生は、例により校長先生の先導で入場せられ、やがておもむろに壇上に上られ、今日のテーマを板書されると共に、次のような八木重吉の詩をお書きになった。

(1)　雲　　　　八木　重吉

そらは　さびしい
くもの　ない日
くもは　かなしい
くものある日

(2)　幼い日

水が　もの言う日
おさない日は
木が　そだてば
そだつひびきが　きこゆる日

(3)　白き響

さく、と　食えば
さく、と　くわるる
この　林檎の　白き肉
なにゆえの　このあわただしさぞ
そそくさと　くいければ
わが　鼻先きに　ぬれし　汁
ああ、りんごの　白きにくただよう
まさびしく　白きひびき

さて、(1)の「雲」という詩などは、「詩ごころ」のない人には、何でもないつまらぬ「ただごと詩」としか思えないでしょう。しかし重吉のように敏感な詩心を恵まれた詩人にとっては、大空に雲が浮んでいればいたで、それが一種の寂寥感となり、また一片の雲さえも無ければ無いで、また一種の寂しさが感じられるのでしょう。

次に(2)の「幼い日」という詩は、いわば子ども時代の童心を詠んだ詩であって、水も単に冷たい物理的な物象ではなく、生きものとして感じられるというわけです。随《したが》ってまた樹木がグングン育つという場合にも、その伸びる響きが聞こえるというわけです。

さらに(3)の詩となりますと、身近な日常生活の省察から生まれた詩で、リンゴを食べるさいの歯当りの爽やかさとか、それと果肉の白さとの微妙な調和に眼をつけた詩であって、リンゴの果肉の清純な白さ——在来のわが国の果物類には見られないあの新鮮な白さ——にただよう一服の寂寥感を、鋭くもとらえて歌い上げているわけで、その詩人的感覚の鋭さは、流石《さすが》と思わされますね。

さて前回にはわたくしは、「両性の分化とその神秘」と題して、この地上に出現しているもろもろの生命は、それがまだ生命といえるかどうかという程度の単細胞生物以外は、それぞれの段階に応じてすべて雌・雄に分化して、その生殖作用が行なわれているという事実をふまえて、われわれ人間が男女という両性に分れて出現したということは、まことに驚歎すべき大宇宙の神秘というべき事柄であって、とくに大戦争などで男子の数が大きく激減した直後の数年間は、いっとき男児の出生率が激増するなどという現象は、全く大宇宙の「神秘」という以外に、いかなる説明も仕難い、まことに深遠極まりない事象だというお話をしたのであります。

しかるに、戦後わが国の風潮を見ますと、あらゆる点で男女の別を認めまいとする方向へ流されつつあって、しかもそれを以って「進歩」であるかに考えられているようですが、それは丁度ここ数年来の工業的生産力の急上昇により、それまで人びとの気づかなかった「公害」の被害が顕著になって来たのと、そこには多分に相類似したものが見られるようであります。ただ「公害」の被害のほうは、その性質上何人にも直ちにそれと分りますが、この男女問題の誤りから生じる弊害のほうは、直接人びとの眼につきにくいために、その弊害は一そう恐るべきものがあると思われるのであります。よって今日はこの点について、多少立ち入って考えてみたいと思います。

では、どうして戦後わが国の社会では、このように男女間の相違を無視し、ないしは軽視する風潮が現われて来たのでしょうか。この点については、今日わたくしどもとしては、深い考慮を要するものがあると思うのであります。同時にこのような点から真っ先に心に浮ぶのは、かのマッカーサーによる占領政策の一環として、「男女同権」という一項が大きく取り上げられた一事を見逃すことはできないと思うのであります。ところが、マッカーサーが、かように「男女同権」を打ち出したのは、主として法律上、婦人の解放を意図したものでありまして、実際問題としては、婦人の参政権と被選挙権、および妻の財産権以外を意図していたのではなかったのであります。

ところが、法律的感覚ににぶいわれわれ日本人、とくにわが国の婦人は、そうした法律問題についてはさまでの関心はなく、このことは、たとえば婦人議員はいっ時かなり出ましたが、その後は激減している一事の上にも窺われましょう。かくしてわが国の女性は、マッカーサーの打ち出した「男女同権」

を、主として女性の人間解放とのみ受けとったのであります。すなわち端的にいえば、男女の人格的平等性というほうに大きな比重を置いて受け取ったわけであります。もちろんこの点については、わたくしも全く同感でありまして、戦前、ともすれば見られたいわゆる「男尊女卑」的なものが、マッカーサーのあの「男女同権」宣言によって一掃せられたことは、わたくしも心からこれを喜ぶ一人であります。しかしながら、そこにはまた必ずしも手放しで喜べない現象が、その後しだいに現われているのでありまして、それはマッカーサーの意図したのは、先にも申したように、法律上男女が「同一資格」たることを明らかにしたものであって、それを法的に確立したわけであります。ところが法律観念に乏しいわが国の女性は、それをむしろ人格的平等のほうに、より力点をおいて受けとめたのであります。勿論それの正しいことは申すまでもありませんが、しかし問題はそれだけに留まらないで、さらに男女両性の分担というか、受け持ちまでも、同一であるかの様な誤りを生じ、そのために今や到る処にゆゆしい問題が起りつつあるのであります。試みに一例を挙げれば、戦後設けられた親のない孤児を収容する特殊施設の内情をしらべてみますと、その施設の本来の意味だった孤児の収容率は、大たい二割前後でしかなく、あとの大部分は、片親どころかレッキとした両親のある子どもたちだというのでありまして、ちょっと聞いただけでは、それが何故であるのか見当さえつかない人が多いでしょう。現にかくいうわたくし自身も、初めてそのことを聞いた時は、それが一体どういうわけなのか、サッパリ見当がつかなかったのであります。

　そこで色いろと係りの人に伺ってみてやっと分ったことは、そういう子どもたち、つまり実父母がちやんとそろっていながら、そういう特殊施設に入れられている子どもたちというものは、両親の生活があまりにも乱れているために、両親の手から引き離して、そういう特殊施設へ収容したほうが、まだしも子たちの為に良かろうと、関係者一同が認定した上での処置だということであります。しかも更に驚いたことには、そういう処置に対して、その子どもの両親が何らの反対もしないで、むしろ喜んで賛成しているのが大方だというに到っては、また何をか言わんやでありまして、まったく驚き入った言語道断の沙汰というほか、申すべきコトバもない次第であります。それにしても、そうした異常という他ない家庭が、せいぜい二割程度だというのでしたら、現在のような乱れた社会では、「そういう事もありうるか」と、わたくしとてもさまで驚かなかったでしょう。ところが先ほども申すように、その比率は逆でありまして、そうした異常な家庭の子どもが、実に八割前後に達しているというのですから、わたくしも全く言うべきコトバが見出せなかったのであります。

そこで、しばらくして、ようやくわたくしも口を開いて、「それはどうも驚き入った話ですが、しかしそういうヒドイ比率は、失礼ながらこちらだけで、他の処では二割前後、というのではないでしょうか」――と尋ねて見たのであります。ところが、係りの人のいわれるには、その比率は全国ほとんど差がないとのことで、いよいよ驚きの感を深くすると共に、戦後わが国がアメリカから受けた病弊は、民族精神の見えない深層部まで腐蝕して、今やここに到ったかと、今さらのように戦慄を覚えたのであります。

もっとも、事態がここに到ったことについては勿論種々の原因が錯綜しているわけでしょうが、しかし何と言ってもその根本をなすものは、戦後の占領軍による婦人解放が、わが国では単に男女の法律的平等や、人格的平等観だけに留まらないで、男女両性の役割りまでも、同一であるかの様な錯覚が、まるで洪水のように氾濫して留まるところを知らず、今やその跡に残っているのは、一面に荒廃した河原に、はるかなる川上から押し流されてきた累々たる流木や廃材だらけ――というにも似ているともいえましょう。すなわちわが国のわかい女性は、もはや女性としての感覚が麻痺して、母性喪失者の群が衢《ちまた》に充満しているかの感があるのであります。しかも母性の喪失ということは、いうまでもなくすでに女性感覚の喪失がその前提となっているわけですから、今やわが国には女性感覚を喪失した、女性ならぬ「雌性群」が、いたる処に横行濶歩しているといってもよいでしょう。

もちろんわたくしとしても、事態がこうした状況にまで立ち到った責任のすべてを、女性に帰そうとしているわけではありません。否、その責任は、むしろ女性に対して深くその自覚を訴えることをしなかった、戦後の教育制度の一部と、なかんづく無責任なジャーナリズムとが、その責めを負うべきだと考えるのであります。たとえば、わたくしたち男子も顔負けと言いたいような突飛な装身具や持ち物などが、若い女性向きに盛んに氾濫している現象なども、金もうけ以外には、何事も考えようとしない資本の横暴、ならびにそれらに対して、むしろ先導的な役割りを演じて来たテレビおよび婦人週刊誌など、最大の責任者というべきでしょうが、しかもこうした風潮に対して、いわゆる「言論の自由」の名の下に、恬《てん》として恥じることなき浮薄な言論界の現状等々、想えばまことに深憂の他ないのであります。

そもそも、総じて改革というものは、毛沢東もいうように、やはり一時は、やや極端なくらいにやるのでなければ、真に改革の実をあげ得ないものだという現実の真理に対しては、わたくしとても、それを肯定することでは、必ずしも人後に落ちるものとは思いません。しかしながらここ数年間における民族の弛緩と頽廃とは、今やそのような一般的通則のあてはまる段階からはるかにズリ落ちたというべく、いつの日はたしてこれが正常な状態にまで恢復《かいふく》しうるか否かが危ぶまれ、それを思いますと、深い危惧感にウラづけられた、一種の絶望感を感じずにはいられないのであります。そしてこのような絶望感をいよいよ増大せしめつつあるのは、そうした女性が今や刻々と母親になりつつあるということでありまして、そうした女性ならぬ女性もやがては子を生むわけですから、そのような「女性ならぬ女性」を母として育てられる子どもたちのことを考え、それら一人一人の子どもの運命を考える時、真に膚《はだえ》に粟を生じる念いを禁じえないのであります。いわんや、そのような子らによって、将来支えられてゆかねばならぬ民族の将来を考える時、まったく深憂の他ないのであります。

思うに人間形成の基盤は、「家庭」の他ないわけですが、しかもそうした家庭においてわが子の人間形成の主責任の位置にあるのは、いうまでもなく母親であります。ところが、すでにその娘時代において、女性を喪失し、女性としての真の自覚を培うような教育を十分受けなかった女性は、たとえわが子を生んで、生理的には母親になっても、母性としての真の自覚を欠くわけであります。もし女が子どもさえ生んだら、必ず母性の自覚に目覚めるものと決まっていれば、わたくしなども、これほどまで深く憂慮するには及ばぬわけであります。なるほど、戦前のわが国の社会にも、今日から考えてみれば、色々と問題が無かったわけではありません。しかしながら、とにかく社会に一種の軌道がありましたから、そうした社会にあっては、女性もわが子を生めば、ある程度母性としての自覚が生じたわけであります。

しかるに現在のわが国の社会のように、一切の軌道が弛んでしまった社会にあっては、女性の自覚を欠いた「女性ならぬ女性」は、たとえわが子を生んでも、必ず母性としての自覚が目ざめるとは言えなくなったということは、「未婚の母」の捨て児や嬰児殺し等々、目にあまる異常事件の続出がこれを証して余りあるといえましょう。

同時に、わたくしが最初のごあいさつで、こうして皆さん方にお話する機会を恵まれたことを、深い喜びとしてお受けしたと申し上げたのも、実はこのような点について、わかい皆さん方に訴えたかったからであります。

第七講――男女共学の問題

今日も道服姿の名児耶先生は、校長先生とご一しょにご入場。そしておもむろに壇上に上られて、今日のテーマを板書され、ついで次のような八木重吉の詩をお書きになった。

(1)　胡　蝶　　　　八木　重吉

へんぽんと　ひるがえり　かけり
胡蝶は　そらに　まいのぼる
ゆくて　さだめし　ゆえならず
ゆくて　かがやく　ゆえならず
ただ　ひたすらに　かけりゆく
ああ　ましろき　胡蝶
みずや　みずや　ああ　かけりゆく
ゆくても　しらず　ともあらず
ひとすじに　ひとすじに
あこがれの　ほそくふるう　銀糸《ぎんし》をあえぐ

(2)　空が凝視《み》ている

空が　凝視《み》ている
ああ　おおぞらが　わたしを　みつめている
おそろしく　むねおどる　かなしい　瞳《ひとみ》
ひとみ！　ひとみ！
ひろやかな　ひとみ、ふかぶかと
かぎりない　ひとみの　うなばら
ああ、その　つよさ
まさびしさ　さやけさ

これまでご紹介してきた詩は、どれも短い詩ばかりでしたが、今日ここにご紹介するのは、これまでのと比べますと、多少長い詩を選んでみました。

ところで、短い詩もむつかしいですが、長い詩もまたそれとは違った困難さがあるといえましょう。短い詩がむつかしいといわれるのは、感動を煮つめに煮つめて、一点に結晶させることの困難さでしょう。では、長い詩の困難さは？　というと、それはその詩形の長いにも拘らず、よく感動が持続して、途中でたるみの出ないようにするむつかしさでしょう。

さて、(1)は、ご承知のように、大空を舞う蝶の美しさをよんだ詩ですが、実に美事という他ないですね。まったく、春の日に大空を舞う蝶のような自由さと、華やかさを以って歌い上げた手腕は、やはり稀有《けう》という他ない天分といってよいでしょう。が、それにしてもわたくしたちは、春の日に大空を舞いに舞う蝶の姿を、真に心にとめて、跡づけて眺めたことが果たしてどれほどあるでしょうか。卓《すぐ》れた詩人というものは、そういう見方をすると共に、さらにそれを文字によって表現できる人といってよいでしょう。

次に(2)の「空が凝視《み》ている」という詩も面白いですね。人は真に大空に眺め入っていると、いつしか自分のほうが、大空から眺められているという気にもなって来ましょう。そしてそれは、さらに一だんと深まると、大空そのものが、まるで巨大な瞳みたいにさえ、感じられるようになるのでしょう。そしてそこからして、八木重吉の処女詩集「秋の瞳」という書名もつけられたわけでしょう。

さて前回にはわたくしは、「同権と分担」というテーマのもとに、男女の同権とその役割の相違を、主として女性の立場から考察したわけであります。ところが、戦後のわが国では、その点との関連もあって、女性全体の上にとかく「男性化」現象が生じ、また反対に男性のほうには、女性化の現象が起こりつつあり、これを民族全体からいえば、いちじるしく中性化しつつあるわけであります。そしてこれは、民族の運命を考えるとき、非常な弱体化といってよく、まことに深憂に堪えない現象であります。

それと申すのも、これは男女の両性が、共にそれぞれの本質が損なわれつつあるからであります。すなわち、男性の方についていえば、まるで女みたいなヘナヘナな男が増えて来たということであり、また女性のほうは、いやにゴツゴツしたり、ギスギスした女性が多くなって、女性として潤いのない女が増えて来つつあるわけであります。このように戦後のわが国では、民族全体として一種の中性化現象が進行しつつあるといってよいでしょうが、その原因としては、結局、前回にも申したように、「男女同権」のはき違えが、その根本にあるといってよいでしょう。同時にそこからして、「男女共学」が一辺倒的に行なわれて来たわけであります。しかしながら、これら二つのうち、前者すなわち「男女同権」のはき違えについては、すでに前回一おうのことはお話したのであります。ところが、もう一つの「男女共学」一辺倒の弊害については、今日なお識者の間にも、深く考えている人が少ないようであります。しかしこの「男女共学」問題についても、今やこの段階に立ち到っては、改めて深思し検討する要があると考える一人であります。よって本日はひとつこの問題について、多少考えてみたいと思います。

どうもわれわれ日本人というものは、真に主体的といえる人はひじょうに少なくて、そのために外側からの権力や圧力に対して、ともすれば盲従しがちであります。そしてこれはひとり戦前に、軍部に対して弱かったというだけでなくて、戦後は占領軍、更に引きつづきアメリカ文化がそれと入れ代ったかの観があるのでありまして、占領軍の撤退後二十数年を経過した現在でも尚その尾を引いているといってよく、そしてその中の一つが、いわゆる「男女共学制」と申してよいでしょう。もちろん、凡ての物事には一長一短があるのでありまして、「男女共学」も男女別学も、それぞれそこには長所と短所があるわけでありまして、いずれか一方を絶対的に良しとしてこれを盲信し、これに対して他は絶対に不可としてこれを却ける、という態度そのものが、実は非主体的といってよいわけですが、同時に、そうした考え方自体が、実は現実的でないわけであります。随《したが》って戦後すでに四分の一世紀を経過した現在となっては、この「男女共学制」についても、これをタブー視しないで、改めて検討を要するものがあるかと思うのであります。

さて、これまで一般に男女共学制の長所として挙げられているのは、男性と女性とは、この人間社会を構成している二大構成要員である以上、その相互理解は、学校生活の時代から始めるべきだというのと、今ひとつは、男女は人間として本質的に平等であるから、その教育は男女によって差等がつけられてはならぬというわけで、これらは表面的には一応もっともな見解でありまして、現在となっては、何人もそこに問題があろうなどとは思わないようであります。総じて過誤というものは、一般にそうした形で現われたり、行なわれたりするものでありますが、それ故にこそ心ある人びとの深い省察を必要とするわけであります。

さて以上二つの理由のうち、まず第一の点について考えますと、男女間の相互理解のためには、その生活を共にするのがよいという事は、一おうの意味からは、確かにもっともな自明の真理といってよいでしょう。すなわち、砂糖の味はなめてみなければ分らないように、男女というものも、その学校生活よいでしょう。

しかしながら、一歩をすすめて考える時、学校教育というものは、知的な教養を主とした生活であって、今人間生活を内面的に考える時、学校教育というものは、人間の知・情・意という三作用のうち、知的教養が主となるといってよいのであります。現に学校生活の大部分は、主として教室における学習活動といえますが、それを共にすることによって、男女両性間の相互理解というものが、はたして十分にできるかどうかについては、一考を要するものがないとはいえぬと思うのであります。さらに一歩をすすめれば、男女が互いに相手を知るにあたって、知性の面というものは、いわば抽象的平面的であって、もっとも不適当な面といってよいでしょう。すなわち男女間の相互理解のために必要なのは、むしろ情・意の面ではないかと思いますが、しかし教室を主とする学校生活では、情・意の面からの相互理解という機会は、甚だ不十分なわけであります。ついでながら、情・意の面での相互理解という点では、むしろ行事を共にする機会を多くするのが良いわけですが、しかし学習を主とする学校生活では、こうした機会は甚だ乏しいわけであります。

つぎに男女共学の長所として掲げられるのは、男・女の性別によって、教育程度の上に差等を設けないという主張でありまして、これなども公式的な主張としては、一応もっとも千万な主張といってよく、一般には何ら問題のあろうはずはないと思われているようであります。しかしながら、この点についても、一度その表皮をはいでみますと、女性の本質は心情の面にあるのでありまして、それを主知主義的な立場を主として考えるということには、そこに問題がないとはいえないのであります、もちろん義務教育の上では、その性質上何ら等差をつけるべきではないわけですが、しかし主知主義一辺倒の立場から、男女共学制を絶対視することについては、そこにはやはり考慮を要するものがあろうと思うのであります。

以上は普通に男女共学制について、その根拠とせられている二種の理由について、それらが必ずしも、無条件に絶対的とは言い難いのではないか、という点を指摘してみた次第ですが、しかしわたくしには、男女共学制の発祥地ともいうべきアメリカ自体における、その発生の事情をも考えてみる必要があると思うのであります。ところが、この点については、これほどわが国で絶対視せられている男女共学制の、米国における発生事情は、それが教育の理想だからなどという理由によるものではなくて、全く建国当初の開拓時代には、広漠たる原野に、あそこに二、三戸ここに五、六戸というぐあいにしか住民がいなかった為に、男女を別々に教育するなどというゼイタクは絶対に許されなかったわけであります。このように最初はまったく止むを得ずに始まった男女の共学が、しだいに制度化して来ますと、これを改廃することは容易でなく、とくに「女尊男卑」という特殊な習俗の下にあっては、到底思い及ばなかったわけであります。そしてかくの如きものが、アメリカに「男女共学」という教育制度が生まれた理由でありまして、今日わが国で唱えられているように、あらかじめ深く考慮した上で、これを以って理想の教育制度と考えて採用したものではないということを、今日われわれは改めて深思し、その長短利弊については、まったく自由に再検討すべき時期に来ているかと思うのであります。

そもそも、戦後はじめてわたくしが、男女共学制に関して批判的考察に接したのは、横浜のカトリック系の学園にいられるドイツ人のハンス・ヘルベック教授の「教育の根本問題」という書物の附録としてつけられていた「男女共学制批判」という一論でありまして、わたくしが初めてこの論文をよんだのは、確か昭和二十三、四年の頃だったかと思いますが、当時わが国の教育界は文字通り男女共学一辺倒でありまして、これに対する批判的見解を発表した学者は唯の一人も居なかったわけですが、しかし爾来ほとんど四分の一世紀が経過した現在に至る間、この点に関して深い洞察を示された見解には、この論文以外、ついに接していないのであります。

しかしながら、教育専門の学者でもない皆さん方へのこの講話において、この論文の趣旨を詳細にご紹介することはさし控えたいと思いますが、教授は、子どもたちの心理的・身体的および知性的な発達段階は、男女によって必ずしも平行線をたどるものでないという点を、厳密な学問的研究の成果を示しながら、それによって男女を同一の教室で教えるということは、一見表面的にはいかにも平等扱いをするように見えながら、その実男女の学童間のズレによって、常にガタビシして、互いに牽制し合うことを証明していられるのであります。同時にまた、他の方面からは、非常にデリケートな思春期における少年少女を一しょにすることによって、とくに女性の側のこうむる見えない被害度については、実に深省を要するものがあるのでありまして、こうした面を大ざっぱに考えて、ただ男女を一しょに扱いさえすれば、それが公平だというような考え方は、いやしくも人間の生命を育てはぐくむことを念とする教育の世界にあっては、実に深省を要する問題といってよく、こうした点への軽視、または閑却の結果が、現在女性の男性化、男性の女性化として、また民族全体としては、その中性化を招来しつつあることは当然であって、むしろそれの起きない方が不思議といってよいほどでしょう。

しかしながら、最初に申したように、すべて物事はそれぞれ長所と短所とがあるわけでありまして、男女共学制と男女別学制も、もとよりこの法則から免れるものではないのであります。が、同時にまたそれ故に、男女共学制についても、今や四分の一世紀間実施してきたことですから、いつまでもこれをタブー視することなく、あらゆる角度からこれに検討を加えるべき段階に達したかと思うのであります。そしてわたくし自身、今や民族全体としてその必要が痛感せられる段階に達したと思うのであります。同時にわたくしの考えとしては、㈠小学生は幼弱ですから、現在のように男女共学とするとしても、㈡中学と高校ではある程度別学制を取り入れる必要があり、そして㈢中・高のうち、もしどちらか一方を別学とする場合は、世人の多くは「高校で――」と考えるでしょうが、しかし必ずしも安易な断定はできず、あるいは逆の考えもありうると考えるのであります。そして最後に大学の問題ですが、大学については、ほぼ現状のままで良かろうと考えるものであります。すなわち、男女共学の大学もあって良ければ、また女子だけの大学もあって良かろうと考えるわけですが、ただその場合には、二年制の短大を廃すると共に、女子大はすべて三年制として、ただ教師志望者のためには、一年の専攻科を設けることにしたらと考えるのであります。

ただ皆さん方は、現在本校の教育方針として、中学および高校は男女別学制の教育を受けていられるわけでありまして、これは以上申して来た趣旨からして、皆さん方にとっては大へんな幸せだと思うのであります。ではどういう点が一番良いかと申しますと、それは女性としての自覚を呼びさまされる機会が多いという点でありまして、このような一ばん大事な根本的な事柄が、男女共学の学校では、いかにリッパな学校でも、望み得ないことだからであります。否、少なくともこの点に関するかぎり、世間的にリッパな学校と言われている学校ほど、とかく受験一辺倒の教育になりがちで、女性としては生涯の運命に関わる、こうした点に関しては、たとえ高校時代三カ年学んでも、ついに教わることなくして終わる場合も、決して少なくないというのが、わが国の教育界の現状ではないかと思うのであります。

第八講──男の幸福と女のしあわせ

風爽やかなり。名児耶先生、今日も校長先生の先導にてご入場。そしておもむろに壇上に上がられて、一礼の後、今日のテーマと共に、次のような八木重吉の詩をお書きになった。

(1)　鳩が飛ぶ　　　　　　　　　八木　重吉

あき空を　はとが　とぶ、
それで　よい
それで　いいのだ

(2)　草に　すわる

わたしの　まちがいだった
わたしのまちがいだった
こうして　草にすわれば　それがわかる

(3)　虹

この虹をみる　わたしと　ちさい妻、
やすやすと　この虹を讃めうる
わたしら二人
きょうのさいわいのおおいさ

この辺まで来ますと、皆さん方にも、八木重吉という詩人がどんな詩人かということが、かなり分り出したのではないかと思われます。

さて、これら三つの詩のうち、(1)は、単純といえばこれほど単純な詩はないともいえましょう。しかしこの詩は、たんに単純というだけではすまされぬものを持っているようです。そしてそれは何かといえば、人生の幾多の悲哀と寂寥とをくぐりぬけて、ようやくにして到達した心境だからでしょう。すなわち、この天地間のありとしあるすべての物が、そのままで良いのだろうという深い、一切肯定の境地を表現したものといえましょう。

ところが、こうした一切肯定の境地は、その背後が、実は次の詩(2)に示されているような、深い人間省察によってウラづけられているからでありまして、わたくし初めてこの詩に接した時には、ほんとうに深い感動に打たれたのであります。実際何ともいえない深い宗教的な境地といってよいでしょう。

同時に、ここからしてわたくしたちは、次の詩(3)のような、何ともいえない明るさで、打ち開かれた世界に出ることが出来るわけでありまして、これは(1)の一切肯定の素朴な境地が、(2)のような自己否定を通過することによって、初めて開かれた、生命の全開放の世界といってよいでしょう。

さて前回にはわたくしは、いささか考えるところがありまして、「男女共学制」の問題についてお話したのであります。それは何故かと申しますと、この「男女共学制」というものは、わが国が大東亜戦争で無条件降伏をした結果、アメリカ占領軍によってその実施を、半ば強制的に勧告せられたものだからであります。そしてそれからすでに四分の一世紀という歳月が経過していますので、この辺でひとつこの制度についても、まったく自由な立場から、再検討してみる必要がありはしないかと考えるからであります。

もっとも前回にも申しましたが、すべて現実界の事象というものは、それぞれ長所と短所とがあるわけでありまして、無条件に善いとか悪いとかいうことは、元来あり得ないはずであります。もしあるとしたら、それはそう考える人自身の心の中にある片寄った考え方であって、現実そのものには、絶対的な善・悪はないのであります。

随《したが》ってこうした真理というか通則は、この「男女共学制」の場合にも勿論当てはまるわけで、それぞれの人の見方や考え方によって、それぞれ長所も短所もあるわけであります。では何故わたくしが、前回この問題を取り上げたかと申しますと、先にも申すように、この「男女共学制」というものは、敗戦の結果「六三三制」と共に、アメリカ占領軍によって、半ば強制的に実施させられたものですから、ひとつこの辺で過去四分の一世紀の経験をふまえて、冷静かつ公平な立場から再検討してみた上で、採るべきはとり、また改めるべきは改めるという絶対に自由な立場に立って、あくまで主体的に再検討すべき時期が来ているかと考えるからであります。そしてわたくし自身の考えを、しいて申すとすれば、現在の中学および高校のうちいずれか一方（ないしは双方）は、「男女別学制」に改めてはどうかと考えるわけであります。

では、何故わたくしがこのように考えるかと申しますと、すでに度たび申したことですが、わたくしはこの世における男性の生き方と女性の生き方とは、一般的には――ということは特殊の例外的な場合は別として――根本的に違うと考えるからであります。そしてそれは、われわれ人間を創った造物主の意図と考えるからであります。そしてこの事は、何よりもまず男女の身体的構造の上に明白に窺えるわけであります。実際われわれ人間においては、躰《からだ》と心とは相即的な関係につくられていますので、身体的構造が、男女それぞれ違うということは、やがてまたその精神面においても、男女両性では非常に違うというわけであります。

ついでながら、そうした点から申せば、人間の精神は、内容的には一おうこれを知・情・意の三作用に分けるのが、さし当り便宜かと思いますが、これら人間精神の三作用の中で、男性は何が一ばん勝れているかといえば、知と意志の働きだといってよいでしょう。それに反して女性のほうは、心情がもっとも典型的属性だといえましょう。同時にその点からして、男女両性のこの世における役割りというか、分担の違いが出てくるわけであります。では何ゆえ男性は知性と意志の働きが勝れているかと申しますと、それは世間へ出て、他の男性と角逐しつつ妻子を養う資を手に入れるということが、その主たる任務だからであります。ところが女性のほうは、その間わが家において、子どもを生み、かつこれを育てて教育するのが、その任務ですから、女性としては心情がその第一次的な資質となるわけであります。

どうも今日のように、社会が過度に分化して複雑になって来ますと、われわれ人間の仕事も極度に分業化せられて、その為に男女の根本的な分担の相違さえ、時にはあいまいになり、混乱する恐れを生じがちでありまして、そうした事は、現代のようなある意味では過度に発達した社会では、特に陥りやすい現象だといえましょう。同時にこのように、男女の根本的な任務というか役割りがあいまいになりかけた時代には、旧き原始の本源にさかのぼって、考え直してみる必要があるわけであります。ではそれは一体どういうことかと申しますと、人間も結局は生物の一種たることを免れないわけですから、男女の両性を、一度その「原型」としての雌雄に還元して、考え直してみるということであります。そうしますと、動物界における雄の役目は、山野を馳駆して獲物をとってくる事でありまして、そのためには、雄は何よりもまず勇敢でなければならぬわけであります。同時に、それに次いでは知性が大切でありまして、それは他の動物との競争において負けないためには、第一の属性は勇敢であり、第二は知性といってよいでしょう。そしてこの場合、知性というのは、獲物はどの路に出るとか、敵はどの方角からくるかという様な予見と判断でありまして、それは判断というよりも一種の「本能的英知」というほうが当りましょう。同時に、これに反して雌のほうは、雄の不在の間、仔《こ》どもたちをよく外敵から守ると共に、巣の中を清潔にして、仔《こ》どもたちに毒虫などのわかぬようにし、また雄のとってきた餌を、子どもたちに公平に分配してやるような事柄が、その受けもちといってよいでしょう。

　そこで、以上のような立場から、男性にとって幸福とは一たい何かと考えてみますと、端的に申せば男というものは、自分がぞっこん好きな事業に、精魂の限り打ち込めるということでありましょう。そしてそのためには、家庭内の事柄に対しては、一切後顧の憂いがない――ということだと言ってよいでしょう。その上さらに、自分の仕事に対して妻の理解があるとしたら、全く申し分のないことですが、しかし仮にそこまでのゼイタクは望まないとしても、少なくとも、㈠家計を整えて、㈡子女を養育する上で、何ら後顧の憂いの無いということだ、と申してよいでしょう。随って、男の幸福とは、結局自分の仕事に対して、一切後顧の憂いなく打ち込めるということだと言ってよいと思います。そして、こうした処から、男性に必要な性格として、「勇敢」とか「大胆」とか、さらには「剛毅」とかいうような属性が必要とせられるゆえんでありましょう。

ところが、これに反して女性の方はどうかというと、その幸福はこれも結局二つに分かれるわけでありまして、それは只今も申したように、勇敢で強くて頼もしい男性を夫として持つということであり、同時に、そうした頼もしい男性との間に生まれた、わが子を正しく育て、かつ教育するということでありましょう。すなわちこれによって分るように、女性の幸福とは、直接自分の特徴とか個性を発揮することよりも、夫をして後顧の憂いなく、雄々しく敢闘させると共に、子女を健全に育成するという任務を、リッパに果たすことだと言ってよいでしょう。

ところが現在のわが国では、この点は一体どうなっているのでしょうか。男性の方では、一部の「共稼ぎ」家庭を外にしては、その原型は大して崩れていないといってよいでしょう。それというのも、もしそうでなかったら、一家を支えてゆくことが出来ないからであります。ところが戦後のわが国では、女性の意識の上に急激な変化が生じているために、男性の中には、後顧の憂いなく自分の仕事に専念し、没頭することの出来ないような男性がしだいに多くなりつつあるのではないでしょうか。そしてこうした現象は、当の男性にとってはもとよりですが、女性自身にとっても、不幸というべきではないでしょうか。何となれば、こうした現象は、造物主が創造した男女の「原型」から、多少その型が崩れかけた女性が多くなり出したということだからです。

そもそも、男女という両性は、たがいに相補い合う関係として創られたわけですから、一方の不幸は必然に他方にとっても不幸となるわけであります。しかも現在では男女のうち、どちら側にその「原型」

からの逸脱が多いかというに、遺憾ながらそれは女性のほうではないかと思われるのであります。同時に、この点にこそ、われらの民族にとって、ある意味では最深の憂いがあると言えましょう。

そもそも、女性の本質は、「陰」の原理をその本然とし、それはまた「柔」の原理ともいえ、生命の受容態が、その本来であるのに、戦後わが国の女性は男性を模倣して、積極的に男性と角逐しようとする傾向が生じつつあるのが、現状であります。しかしこれは、ひとり女性自身の原型を損うばかりでなく、さらにそれによって、男性をも傷つける結果を生じつつあるのであります。そしてそれは、端的には男子から勇敢に闘う気魄を殺《そ》ぎ、これを弱化せしめつつあるのであります。

では、どうしてわが国の男女両性の上に、この様な一種の「風化現象」ともいうべきものが現われ出したかと申しますと、それは、すでに繰り返し申してきたように、戦後われらの民族が、アメリカ文化の表相を模写的に摂取した点に、その根本原因はあるのでしょうが、そうした傾向に更にいちじるしく拍車がかかったのは、ここ数年来の工業的生産力の急激な上昇により、物質生活の過度の繁栄が招来せられたがゆえ と言ってよいでしょう。しかもそのような病的変質的な傾向の影響は、男女両性のうち、いずれが多く受けたかと申しますと、遺憾ながらそれは女性の側だと言ってよいでしょう。

そもそも、外来の浮薄な文化が移入せられた場合、男女両性のうち、いずれが先に感染しやすいかと申しますと、それは前の例によっても分るように、やはり女性の側といってよいでしょう。ではそれは何故かと申しますと、結局女性は男性とくらべて、一般的にはその主体性において劣るからでありましょう。ところで、今観点を変えて、一つの民族において一種の「風化現象」が起こりかけたという時、民族自体の立場から考えて、男女両性のうち、いずれの側にその原型の保たれることが望ましいかと申しますと、申すまでもなくそれは女性の側であって、女性が健全な状態を保っている限り、その民族の将来は安泰といえましょう。そしてその理由としては、改めて申すまでもないことながら、女性はやがて次代の後継者を生み、かつ育てる重責を負うているが故であります。それゆえ一つの民族において、女性の浮華な外来文化への感染度が低い民族のほうが、将来健全な発展をする希望が持てると言ってよいでしょう。同時に、こうした点から考えてわが国の現状は、真に憂慮すべきものがあると思うのであります。しかもこの様な状態を招来した、最も根本的な原因は、結局は戦後アメリカ文化の皮相を移入することによって、女性の幸福観そのものが、その本質的原型から逸脱し変質しかけた為と言ってよいでしょう。かくして女性にとっては、何が一たい真の幸福かという問題が、今や改めて再検討を要する時期が来たと思うのであります。

第九講――女性と母性

今日もまた、道服姿の名児耶先生がお見えになられた。こうして十回近くも先生のお話をお聞きすると、今日はどういうお話をして下さるか、また八木重吉の、どういう詩をご紹介になるかということに、何かしら一種の期待の心が湧くのである。やがて壇上に上られて、一礼の後、今日のテーマと共に、重吉の次のような詩をお書きになった。

八木　重吉

(1)　感　傷

赤い　松の幹は　感傷

(2)　沼と風

おもたい
沼ですよ
しずかな
かぜ　ですよ

(3)　毛虫をうずめる

まひる
けむしを　土にうずめる

(4)　おもい

かえるべきである
ともおもわれる

今日はひとつ短い詩四つをご紹介することにしましょう。八木重吉の詩は、日本の詩人の中でもその詩型の短いことが、一つの特色だということは、すでに申した事ですが、今日ご紹介する詩は、それらのうちでも、とくに短い詩といってよいでしょう。実さい、(1)にしても(3)にしても、また(4)にしても、短歌はいうまでもないが、俳句よりも短いと言ってよいですからね。

西洋風の「自由詩」といえば、短歌や俳句よりも長いとのみ、みんなが考えている時、八木重吉は、このように歌や俳句よりも短い詩も詠んでいるわけで、これはわが国の自由詩の歴史の上でも、特筆に値するといってよいでしょう。

さて、(1)の詩は、赤松ということが大事であって、これが一種の感傷をそそるわけです。ですから、もしこれが黒松だったら、まったくブチ壊しですね。次に(2)は、沼を重いと言い、風を軽いといって対照させている処が、この詩のネライといってよいでしょう。

さらに次の詩(4)になりますと、いわば自分の心を詠んだわけですが、しかしどこへ還るべきかということは明らかにされてはいません。それが有形の故郷なのか、それとも今日いわれる精神的な意味での原点への還帰をいったのか、これだけでは分りませんが、後者の可能性が、やや強いかと思われますね。

前回にはわたくしは、「男の幸福と女のしあわせ」というテーマのもとに、男性と女性では、おのおの幸福とするところが違うということをお話したのでした。つまり幸せという角度から、男性と女性の差を対照させながら考えてみた次第です。どうも戦後のわが国では、男性と女性の区別が、しだいにボヤけて来る傾向がいちじるしくて、その結果、家庭というものの意味も薄れつつある恐れが無いとはいえない様に思うのであります。

もっとも、こうは言っても、大部分の人は結婚しているわけであり、同時に結婚しているということは、やはり家庭生活を営んでいるわけであります。ところが、ジャーナリズムなどで取り上げられる事件は、一部の例外的な事例なわけですが、しかもそれがひと度文字になりますと、それを読む人びとは、それが大きな流行であり、さらには、わが国の社会も今やそうした傾向になりつつあるかの様な感じになり、そのために男女によって、その幸福とする処が違うものだというような考え方は、しだいに薄れつつあるのではないかと思うのであります。そしてそのために、人生の真の味わいというものが、しだいに稀薄になりつつあるかと思うのでありまして、これは個人はもとより民族そのものの上から考えても、実に憂うべき傾向と思うのであります。

しかしながら、こうした傾向のよって来たるのも、結局は一般に女の人びとに、女性の真の幸せは、子どもを生んで母親となり、母親としての自覚に生きることにあるという点への理解の不足から結果するものだと思われますので、今日はこの点を中心にして、多少立ち入ってお話してみたいと思います。

さて只今も申すように、戦後わが国における女性の傾向は、どうも母性というものの意義が、しだいに薄れつつあるのではないか、という気がするのであります。しかしそれにも拘らず、男女が結婚すれば、やがてそこには子どもが生まれるわけですが、母性としての生き方に対して、十分にその自覚のタネまきがなされていないために、子どもの出生と同時に、生理的には母親となりながら、精神的な面においては、母親としての自覚のない女性が出つつあることは、時どき新聞に見られる残酷きわまりない所業が、若い女性によって為されていることは、皆さん方もよくご存じの通りであります。

実さい、生後間もない赤ん坊を、駅のコインロッカーに押しこめて捨てるとか、あるいは殺して土中に埋めたり、さらには、袋に入れ錘《おもり》をつけて池の中に投げ込むなどというに到っては、唯々驚きの他なく、これが優しさをその本性とする女性の所業かと思いますと、まったく戦慄を覚えずにはいられないのであります。こうした事柄は、戦前のわが国では、ほとんど耳にしたことの無かった事件なだけに、新聞などでこうした残酷な記事を読むごとに、戦後わが国の社会が、いかに荒廃したかの断面を見せつけられる思いがして、真に堪え難い気がするのであります。同時に、このような社会を、どうして進歩したなどといえようかとの感慨を深くするのであります。しかもさらに痛心に堪えないのは、皆さん方わかい方がたは、このような社会の中に生まれ、こうした社会情勢の中で育たれたために、かくも異常な社会に対しても、さまでに驚かれないのではないかと思いますと、感慨の更にひとしおなるものがあるわけです。

ついでながら、皆さん方は、この世の中が進んだかどうかということは、一たい何によって計ったらよいとお考えでしょうか。つい最近までは、人びとの多くは、結局自然科学を応用した物質文明の発達と、その便利さをもって、社会の進歩と考えてきた感がありますが、さすがにこのごろでは、公害をはじめとして美わしい自然の破壊のはげしさによって、これではたして人類が進歩したなどと言えようか——と深い疑惑を抱きだした人が多いようであります。それればかりか、この間もある人が「戦前の日本ではウナギだとか西瓜などというものは、安くて旨い庶民の食べ物だったのに、近ごろではそうも言えなくなった。これでは食べ物の事でもわれわれは、戦前よりかえって貧しくなったんじゃなかろうか」

と言われましたが、実際そう言われて見ればわたくしなども、何とはなしにそんな感じがしていたこととて、やはり他の人びとも、似たようなことを考えているものだと、不思議な思いをした次第でした。

同時に、このように考えてきますと、お互い人間的にも、戦後は人間がどうも平板になってきて、味わいのある人がしだいに少なくなって来たような感がいたしますが、こうした事なども、結局は戦後のアメリカ文明の皮相だけを、安易に模倣して、何ら怪しまなかったからではないでしょうか。そうして女性観などについても、母性という面の自覚が、ほとんど閑却されて来たことなども、そうした傾向に拍車をかけているという感じがするのであります。

では、一体どうしてこのようなことになって来たというのでしょうか。それには色々と複雑な原因が考えられるとは思いますが、しかしその中でもっとも顕著なのは、戦後のアメリカ思想が、男女両性の人間的平等性を強調するあまりに、「母性」というものが切り捨てられたことに、その重大な一因があると思われます。なるほど人間としては、男女両性はまったく平等であって、そこには何ら高下・尊卑の差はないのでありまして、この点を強調したことは、戦後思想における一つの特筆すべき貢献だということは、勿論わたくしとても、十分に認識しているのであります。

しかしながら、そのために、女性から母性の自覚が失われたり、あるいはそれが稀薄化されたとなりますと、その功罪利弊は、にわかに断じ難いものがあると言えましょう。何となれば、女性の女性たるゆえんは、実は母親となることによって、初めてその成熟に達するからであります。随《したが》って母性の自覚をもたない時、女性の意義は半分しか実現せられていないと言ってもよいでしょう。すなわち単なる女性を平面とすれば、母性はまさに立体であり、球といってもよいわけです。しかるにその様な母性の意義が切り捨てられ、平板な女性の自覚のみが強調されるに終わったところに、戦後の女性論の重大な欠陥があるといってよく、今やその弊が顕著に現われ始めたということは、一々申さなくても、前に申した二、三の事例によってもお分りでしょう。

では、母性の特質は、一体どのような点にあるというべきでしょうか。それは一言でいえば、「無条件の包容」というコトバが、比較的よく現わしているかと思うのであります。そしてこの無条件包容とは、結局わが子に対する「母性愛」についていうわけですから、子どもの側からいえば、母親には自分の一切が包容してもらえるという感じがするわけでありまして、おそらくここにいられる皆さん方においても、根本的にはこの感じは変らないだろうと思います。なるほど人によっては、「でもわたしの母は、しつけがやかましくて、なかなか甘やかしてなんかくれません」という人もあろうかと思います。しかしそういう人でも、もし外から帰ってお母さんがいられなかったとしたら、やはり一種の寂しさに落ちつけない感じがすることでしょう。そしてそれは結局、母親の居ないことからくる、一種の満たされない感じがするからでしょう。そしてそれこそ、わたくしが先に申した、母親の本質は子どもたちを無条件に包容する点にあるからであります。

では一歩をすすめて、何ゆえ母親というものは、わが子をこのように無条件的に包容するのでしょうか。それは勿論母親が意識的に努力するというよりも、無意識のうちに、そうせずにはいられないからでしょうが、とにかく何ゆえ造物主は人間の母親を、かくも無条件にわが子を包容するように創ったのでしょうか。それはわたくしの考えでは、生命というものは、元来無条件的に包容せられるのでないと、円満には育たないからでありましょう。つまり色々と理屈や条件をつけた上でないと受け入れないというようでは、生命は真実には育たないからでありまして、このような母親の無条件的な受容態度に対して、わが国には「おふくろの味」という、まことに好ましい庶民的表現のあることは、皆さん方もご存じのことでしょう。もっとも、この「おふくろの味」というコトバは、わたくしの考えでは、男子の青年の間から生まれたものと思いますが、しかしこのコトバのもっている日本的な味わい自身は、皆さん方のような若い女性の方々にも、決して分らぬことはなかろうと思うのであります。

もっとも、このように無条件的な包容とはいっても、子どもに対してしつけをしなくてもよいなどという意味でないことは申すまでもありません。しつけについては、いずれ後日改めてお話するつもりですが、これは母親の任務の中でも、もっとも重要なものであります。しかもそれでいながら、母親の本質は、わが子に対する無条件的な包容だといわれるのは、わが子の一切を受け入れた上でのしつけだからであって、良くない子どもは受けつけないなどというのでないばかりか、親としては良くない子ほど、かえって気になるのであり、心を痛めるわけでありまして、こうした無条件的な包容こそ、母性愛というものの本質といってよいでしょう。

では、このような無条件的な愛情としての母性愛において、最も根本的な特質は何かと申しますと、それは一言で申せば、結局は「無我」ということでしょう。すなわち、わが子に対する場合には、どんな子どもでも、母親はその「我」がなくなるという処に、いわば「母性の神秘」ともいうべきものがあるわけであります。しかしそれは、その人の「我」が宗教の力などによって、根本的に根切りになったというわけではありませんので、他の人々に対しては決して「無我」たり得ないわけであります。随って、夫に対しては時々「我」の出るような婦人でも、わが子に対しては包容できるのであります。つまり、母性というものは、造物主からそのように創《つく》られているわけであります。

ですから、世間で「子のない女の人はどこか冷たい」といわれますのも、結局はこの点についていうのでしょう。勿論現実には、そうでないリッパな婦人も少なくないはずですし、現にわたくしの知っている範囲にも、そういうリッパな方がないわけではありません。しかしながら、一般的に申すとしたら、やはりこのコトバはある程度当たると申してよいでしょう。同時にまた、同様のことは、「高い教育を受け過ぎた女性の場合にも、ともすればそうした傾向が見られる」と言われますが、これも学問とか知性というものは、理を主とするものゆえ、人間の心の作用《はたらき》から申せば、ともすれば冷たい処があるからでありましょう。しかしこうした点についても、いずれ後日改めてお話することにいたしましょう。

第一〇講——女性と健康

今日もまた、道服姿の名児耶先生がお見えになり、校長先生のご案内でご入場。そしておもむろに登壇され、一礼の後、今日のテーマと共に、次のような重吉の詩をお書きになった。

(1)　ひとつの　ながれ　　　八木　重吉

ひとつの
ながれ
あるごとし
いずくにか
空にかかりてか
る、る、と
ながるらしき

(2)　空と光

彫《きざ》まれたる
空よ
光よ

(3)　哭くな　児よ

なくな　児よ
哭《な》くな　児よ
この　ちちを　みよ
なきもせぬ
わらいも　せぬ　わ

八木重吉の詩集としては、生前には「秋の瞳」と「貧しき信徒」という二冊の詩集しか出なかったのです。しかしそれは、重吉がわずか三十歳の若さで「昇天」したことを考えますと、むしろ当然といってよいでしょう。そしてこれまでは、「秋の瞳」の中から、わたくしの好きな、比較的短い詩のご紹介をしてきたわけですが、次回からは、第二詩集の「貧しき信徒」に入りたいと思います。

さて、今日ご紹介する三つの詩のうち、(1)の「ひとつの　ながれ」は、重吉が、宇宙生命ともいうべきものを、その柔軟でしかも鋭い直観によって、感得していたらしいことが伺われます。

また、次の詩(2)は、重吉が空と光とを、まるで彫刻されたものででもあるかのように感受し、ハッキリと感得していたことを伺いうるわけです。そしてその感受の仕方がいかに明晰だったか、まるで硬質メノウの類ででもあるかのようですね。

ところが、(3)の詩となりますと、これはまた一だんと深く、読む者の心を打ちますね。肺を病んで、いつ死なねばならぬか知れぬという思いを、心の底深く湛えながら、哭く子をあやしている重吉の沈痛な姿が、最後の二行によく伺われるではありませんか。

さて、前回にはわたくしは、「女性と母性」という題でお話いたしましたが、それは女性はわが子を持って母親にならなければ、女性としての本質は十分には実現せられないということを、お話したかったからであります。ところが、戦後のわが国の風潮では、どうも女性という面のみが強調せられて、肝心の母性という面が閑却されている傾向がいちじるしく、そのために生理的には母親となっていながら、わが子に対して常識ではまったく考えられないような、種々の残虐行為が行なわれているようですが、これは今も申すように、戦後わが国の風潮がアメリカに影響せられて、女性の自覚のみを強調して、その完成としての母性の面が、いちじるしく軽んじられて来たせいかと思われます。

しかしながら、ひとたび結婚すれば、大方の女性はわが子を生んで母親になるわけであり、随《した》がって、事実の上からは、単なる女性に留まってはいられないわけであります。そこで、どういうことになるかと申しますと、事実の上では、子を生んで母親になりながら、意識というか自覚の上では、母性になり切らないという事例が、しだいに多くなりつつあるのが、わが国における最近の実情でありまして、近時ひんぴんと続発しつつある、若い女性に関する不祥事件の多くも、その根源を探ってみれば、結局こうした処にその深い原因があるかと思われるのであります。

ところで、女性の本質からいえば、女性は母性になることによって、その背負う任務はしだいに重くなるわけなのに、そうした母性の任務の重大さを考えない女性は、つまり母性の自覚を失った女性というわけでありまして、そのような、いわば「母性喪失」の母親によって育てられる子どもたちの事を考えますと、世にこれほど不幸で可哀想な子どもはないわけであります。それというのも、人はその母親の愛によって、しだいに人間的な愛情に目覚めるものだからであります。随って、もしその母親にして母性愛について欠けていたとしたら、そういう母親に育てられた子どもたちは、成長した暁においても、愛情に対する感受性において、とかく稀薄になりやすいようであります。そこで、こうした事例によってもお分りのように、女性として最も大事なことは、将来母性愛の豊かな母親になることだといってよいでしょう。

では、次に大事なことは何かと申しますと、それはわたくしの考えでは、やはり健康ではないかと思うのであります。ところが、わたくしがこのように申しますと、若い皆さん方の中には、あるいは意外な感じをされる方もないではないでしょう。もっとも、皆さん方の中にも、ご自身が健康上どこか故障があったり、またはお母さんが病気がちで、時どき寝込まれるような方を持たれる人の場合には、わたくしのコトバを、なるほどと肯《うなず》かれることでしょう。いわんやお母さんがご病気のために、すでに亡くなっていられるような方にとっては、これはもっとも切実な現実の真理として聞いて戴けるかと思うのであります。と申しますのも、いかに深い母性愛をもつ人でも、その人が病身で、ともすれば病床についたり、いわんや亡くなられたのでは、当のご本人はもとよりのこと、あとに残された夫やお子さん方の身になってみたら、まことにこの上ない不幸だからであります。

ところで、女性と健康という問題については、色いろと考えねばならぬ問題が多いと思うのであります。しかしそのうち、まず最初に申し上げたいと思うのは、皆さん方のような女性の方は、その身体的構造が、われわれ男子と比べますと、非常に複雑だということであります。こういう点については、あるいは皆さん方の中には、今はじめて聞かれる方もあるかとも思います。では、どうして女性の躰《からだ》の構造は、男性よりも複雑かと申しますと、東洋医学のほうでは、同じ病気に対しても、男子と女子とでは、その処方箋が違うのであります。ではどのように違うかと申しますと、女の人のほうがその配剤の仕方が複雑なのであります。それはたとえて申しますと、男子だったら三種類も配合すればすむ処も、相手が女性の場合には、同じ病気の場合でも、五種類から時には七種類もの薬を配合しなければならぬというわけであります。

では、どうしてそういう事になるかと申しますと、つまり女性の躰の構造は、男子のそれと比べるとき、非常に複雑でデリケートだからであります。ということは、結局女性の身体は、「生命」を宿し、かつこれを育《はぐく》まねばならぬからであります。なるほど、子どもは両親あって生まれるのではありますが、しかし実際に生命を己《おの》が体内に宿して、これを育《はぐく》みかつ育てるのは、結局母親の胎内においてでありまして、このような厳たる事実に対してわたくしたちは、このさい改めて深い認識が必要だと思うのであります。

このような厳たる生理的真理、すなわち事実からして、女性は男性以上にその健康が大切なわけでありまます。もちろん父親を亡くするということは、一家にとって最大の重大事であることは、今さら申すまでもないことですが、しかし、もしどうしても片親にならねばならぬ運命だとしたら、一体どちらが残ったほうが子どもたちのために良いかと申しますと、それはやはり母親なのであります。と申すのも、なるほど父親が亡くなるということは、その一家にとっては経済力の源泉が一おう止まるわけですから、まことに容易ならぬ事であります。しかし母親が亡くなった場合には、その一家の「愛」の源が涸《か》れることになるのでありまして、より重大なわけであります。それというのも、父親が残った場合には、家事の運転上、どうしても後添いを迎えねばならぬことになるからでありまして、その点、子どもたちにとっては、何ともいえない不幸となるわけであります。もっともその場合にも、そうした後添いにこられた人の立場になって考えてみることも、実に大事なことであります。とくに生みの母親を亡くして、新しいお母さんのお世話で、今日あるを得ている人びとの場合そうであります。いわんや皆さん方くらいの年ごろにでもなっていたら、こうした点についても十二分に察しがつくようでなければなるまいと思うのであります。と申しますのも、このような点への「察し」こそ、真の人間的「英知」というべきだからであります。

しかしながら、話を元へもどして、母親が小さいわが子を後に残して死なねばならぬという悲しみは、おそらくは人間の悲しみの中で、最も深いものと申してよいでしょう。そしてこの点こそわたくしが、先ほど皆さん方に対して、女性は男子以上に深くその健康に留意しなければならぬ、と申したゆえんであります。

ところで、この点については、先ほど来申すように、まず第一には、女性特有の病気に対して用心深くなることが大事だと思います。もっとも、その点においても、女性は結婚前と結婚後とでは、大きくわかれるようであります。すなわち、女性は結婚を境にして、大きくその健康の変化する人が少なくないのであります。つまり娘時代には大へん丈夫だったという女《ひと》で、結婚後、とくに出産後、急に体の調子の悪くなるという人が、女の人には少なくないのですが、結局それは、産後の手当てやその後の生活において、ムリが重なった場合が大方だといってよいようであります。あなた方も結婚されて、とくに出産後は、娘時代に丈夫だったからといって、自信過剰にならず、出来るだけ慎重に用心することが大切でしょう。とくに平生腎臓の悪い人などは、出産前にはとくに用心しないと、子癇という命とりの病気になる恐れがあり、万一子癇にでもなったら、今日の医学の力をもってしても、なかなかむずかしいようであります。

さて以上は、女性特有の病気と、それに対する心がけの一端を申してみたわけですが、それ以外にも健康については、女性は男子以上に細心の留意が望ましいのであります。それ故以下思い出ずるままに、それらの二、三について、申してみたいと思います。さて、その第一は、やはり食物上の注意であります。と申しますのも、食物のいかんということは、何と申しましても健康上土台づくりといってよいからであります。この点についてもっとも大事なのは、やはり「主食」であります。すなわち主食というものが、健康上その土台になるからであります。ところで主食としては、われわれ日本人にはどうも玄米食が理想的なようでありまして、これはわたくし自身も現に実行していて、その経験上確信するのであります。ところがこの玄米食については、主人のほうは理解があっても、肝心の奥さんのほうにその理解のないために、玄米食に切り替え得ないでいる家庭が、世間には少なくないようであります。現にわたくしの知っている範囲内でも、玄米食に対して奥さんも深い理解を持って実施していられるご家庭は、きわめて少ないのであります。そこで思い切って玄米食のできない処では、せめて二分搗米か、または麦飯にされるが良かろうと思います。そしてその場合の麦も、漂白しないものでないと、効果は半減といってよいでしょう。またなるべく青野菜を多くし、また豆類やイモの類を多くして、米食の量を少なくすることが、今日心ある人びとによって唱えられていることには、深い真理のあるものとして、わたくしも全く同感であります。とくに白砂糖と白い食パンは、白米と並んで、今日いわゆる「三白の害」と呼ばれているもので、極力避けるようにと唱えられているのであります。

さて以上は、主として食物に関する注意でしたが、それ以外にも各自が何か二、三の健康法を実行されることは、特に望ましいことであります。そのうちラジオ体操などは、一ばん普及している健康法かと思いますので、もし皆さん方が、現在のような娘時代から、ラジオ体操でも続けられたとしたら、皆さん方はいつまでたっても年をとらず、若やかな美しさを保つことは絶対に受け合いです。その他でも、もしお父さんなどが何か健康法をやっていられる方があったら、皆さん方もゼヒ今のうちに、それを教わって始められるが良いでしょう。

ついでながら、健康法については、わたくしも、ここ二十年以上前からやっていますが、そのうち一番根本になるのは、㈠つねに腰骨を立てていることでありまして、これは単なる健康法というばかりでなくて、主体的な人間になるための、極秘伝と申してよいわけです。ですから子どもさんたちにこれをしつけられたとしたら、文字通りの一生の「宝」といってよいでしょう。㈡次には夜寝るさいに枕をしないということでありまして、人間は枕をしなければ、一日の疲れは一晩眠ればスッカリ除《と》れるようになっているのに、枕をするために疲れが背中に残るのでありまして、これを昔から肩がこるとか、けんびきがこるというのであります。ですから枕さえしなくなれば、背中や肩のこりはスッカリ除《と》れてしまうわけです。㈢次には入浴の際に、乳から上を出して十分温まってから後に、上部も湯につかるようにすること。そして肩までつかるのは、なるべく短時間に留めるのです。なおそのさい、乳から上を出していても、湯にさえぬらさなければ、どんな寒い北国の寒中でも、けっして風邪を引く心配はありません。㈣次に最も大切で、かつむつかしいのは、ご飯とかお菜を一口ずつ別々に食べて、口の中で一しょにしないという食べ方をするわけで、これをわたくしは「飯・菜別食法」と呼んでいますが、これさえ守っていれば、どんなに胃腸の弱い人でも、必ずそれを根切りにすることができます。㈤そして最後は、朝起きたら戸外に出て深呼吸をすることでありまして、これは余りに簡単なために、人びとが軽んじているようですが、新鮮な食物と同様に、健康を保つ上には実に大事なことであります。

以上は、わたくしが現在している健康法ですが、とにかくどういうものでもよろしいから、何か二、三の健康法を、娘時代からゼヒ始めて下さい。そうしたら女性としてスバラシイ一生を送ることができましょう。

第一一講 —— 娘時代の心がけ

道服姿の名児耶先生は、今日も校長先生のご案内でお見えになり、ご着席ののち、おもむろに登壇。一礼の後、今日のテーマと、次のような重吉の詩をお書きになった。

(1) 母の瞳　　　　　八木　重吉

ゆうぐれ
瞳《ひとみ》を　ひらけば
ふるさとの　母うえも　また
とおく　みひとみを　ひらきたまいて
かわゆきものよ　と
いいたもう　ここちするなり

(2) 花がふってくると思う

花が　ふってくると　思う
花が　ふってくると　おもう
この　てのひらに
うけとろうと　おもう

(3) 涙

つまらない　から
あかるい　陽のなかに　たって
なみだを　ながしていた

(4) 秋

こころが　たかぶってくる
わたしが　花のそばへいって
　　　咲けといえば
花が　ひらくと　おもわれてくる

前回にも申したように、重吉の処女詩集「秋の瞳」のご紹介がすみましたから、今日から第二詩集の「貧しき信徒」の中から、わたくしの好きな詩を選んで、ご紹介してみたいと思います。

さて、いつか申したかと思いますが、一般に男の子は母親似が多いようですから、重吉もそうだったかと思われます。この詩集などを読むと、特にそういう気がいたします。母と子が、遠く離れて住んでいながら、心の通いあっている事が、何ともいえぬ深い感動にウラづけられているではありませんか。

(2)の「花がふってくると思う」というのは、花はたぶん桜の花でしょうが、信仰心のふかい重吉には、花が散るのがまるで天から降ってくるような感じがしたのでしょう。もっと申せば、天国から神さまが降らせていられるように思われたのでしょう。

(3)の詩に「つまらないから」とありますが、一たい何がつまらないのかよく分りません。たぶんこの世のつまらない人間関係かと思われますが、そのために重吉としては、それをどう仕様もなくて、明るい陽の中にじっと立っていると、いつしかやるせない涙が流れて来たというのでしょう。

(4)は実に珍しい詩ですね。心が高ぶってくるとは、感動のリズムが高まってくるということでしょう。そしてそうなると、花のそばへ行って、「花よ！　お咲き!!」といえば、今にも花が開くかのような気がしてくるというのでしょうが、どうも大したものですね。詩人は多くても、こういう詩人は少ないでしょうね。

前回には「女性と健康」というテーマでしたが、健康というものは、わたくしどもの人間生活においては、一切の土台になるものだということは、今さら申す必要のないほどに自明な事柄ですが、ではどうしたら人は健康を保ち得るかということになりますと、案外考えている人が少なく、いわんやそのために持続的な努力をしている人となると意外に少ないようでありまして、これは考えれば実に不思議千万な事柄であります。ところが、あなた方女性の場合には、わたくしたち男性と違って、躰《からだ》の構造が複雑であり、そのために健康については、われわれ男性よりも一だんと注意しなければならぬわけであります。

随《したが》ってそうした健康への注意については、実は皆さん方のような娘時代から、すでに男子よりも深い注意が必要なわけであります。ところが、戦後のわが国の教育では、とかく男・女両性を、全く同じように考えて、すべて同様に扱おうとする傾向が強いようですが、こうした事は、女性の一生を通して考えてみた場合、はたして真に幸せと言えるかどうか、わたくしには疑問に思われるのであります。なるほど、女性も一人の人間として、人格的には全く平等なことは、改めて申すまでもないことですが、しかしその任務というか役割りの上から申せば、一般的には——というのは、少数の例外的な場合を別にすれば——男女の間には、いちじるしい相違があるわけですから、この点について教育上、とくに重視すべきは当然であります。

しかしこのように申しても、男女の形式的平等観によって、その頭が固まっている人は、このようなわたくしの主義に対しても、十分には納得のゆかない人もあろうかと思います。しかしながら、人類の教育上の三大古典の一つといわれている、あの有名なルソーの「エミール」においては、全体の三分の一が女性教育論に割《さ》かれているのでありまして、これは非常に注目に値する事柄だと思うのであります。それというのも、「エミール」の初め三分の二は、教育に関するルソーの一般的見解が述べられているのでありまして、それを考えますと、ルソーのような天才でも、むしろかれが天才であるために、男子と女子とを何ら区別せずに教育することは、重大な誤りだとして一般論を述べた上で、さらに女子教育について力説し、それに全体の三分の一前後の頁数を割《さ》いているのであります。これによっても、この人類の思想史上稀《け》有《う》の天才が、いかに女子教育というものを重視したかが分かるわけであります。

その上さらに注意すべきは、ルソーは「近代思想の父」とも呼ばれている大思想家にも拘らず、女性には女性特有の性情がある故、そうした女性の本性を伸ばすような教育をしなければならぬ、と力説していることは、現在のわが国ではとくに省みられる必要があると思うのであります。もしルソーが、戦後わが国に流行したように、男女は同じ教育さえしておけばそれですむ、とでも考えていたら、全巻の三分の一にも上るほどの尨大な分量を、女子教育論に割くなどということは絶対にしなかったはずであります。実さい女性に特有な、非常にデリケートな心理の種々相を、あれほど深く、かつ詳細に考察した教育論が、かつてあったといえるでしょうか。いわば思想家と作家とを一身に兼ね備えていたともいうべきこの稀有の思想家の、女性心理に対する限りなく深い洞察に、わたくしたちは唯々頭を下げずにはいられないのであります。

ところが、そのようなルソーが、少女時代の教育上注意すべき事柄の一つとして、少女たちは人から好かれるようでなければならぬということを申していますが、これは実に深い洞察といってよいでしょう。そしてルソーは、そのためには、少女には知識よりも愛嬌が大切であり、心の優しさこそは、少女にとって最も大切な徳性だと申しているのでありまして、現在のわが国のように男子と女子を、あらゆる点で同じ仕方で教育しつつある戦後教育については、われわれは改めて深省するの要があるのではないでしょうか。

ところで、このように申しますと、人びとのうちには、「それでは女性は聡明でなくてもよいというのか」と反論される人もあろうかと思いますが、ここでルソーの言うているのは、いわゆる材料的な知識よりも、女性にとっては心情のほうが、より大切だという意味であります。随って、聡明を否定するどころか、女性には断片的な材料的知識よりも、それらをいわば人格的に心情の中に融《と》かし込んだ、真の「聡明さ」こそ、はるかに大切であり、尊重すべきだというのであります。同時に、このような聡明さというものは、ルソーも申していますが、その場の雰囲気を察して、それに対してやさしい行動ができるということでありまして、いわゆる断片的素材的な知識ではなくて、その人の人格によって統一され融化せられた生きた聡明さこそ、女性にはとくに必要だということであります。

こうした点からは、男性というものは人によっては、単なる知識とか理知だけですむ場合もないわけではないともいえましょう。たとえば、理工科方面の技師とか、熟練工というような人の中には、自分の専門としている事柄に関する知識には、細大もらさず通暁しているが、しかしそれ以外の領域に関しては、さまで広くは知っていなくても、専門家としては、一おうそれですんでいるわけであります。

ところが、女性となりますと、そうした狭い深さではどうも困るのであります。それというのも女性には、男子のようないわゆる「専門」というものはないのでありまして、もし女性に専門があるとすれば、それは――男性と肩を並べて専門的な仕事をしている少数の女性を別にすれば――いわば「家庭のオアシス」として、すべての家族の人びとの心を照らし暖めるということでありましょう。随って女性には、冷たい理屈や「血」の通わない断片的な知識は、元来それほど必要ではないわけであります。

しかるに、戦後のわが国の学校教育は、このような基準に照らして考える時、いかがでしょう。そこでは、このような男女の心情の違いに対する深い理解はされないで、ただ男女共に同じような知的教育をすることが、女性を尊重するゆえんだというような、平面的な形式論が一般に風靡していることは、この際お互いに考え直してみる必要があろうかと思うのであります。

ところが、「エミール」を読んでいますと、先に申したように、少女は人に気に入るようでなければならぬとか、愛嬌があって、その心ばえが優しくなければならぬ――などということの外にも、さらに娘時代には、「たとえ自分の心の中ではやましくなくても、人から疑われたり怪しまれるような行動は、避ける様にしなければならぬ」と説かれているのであります。随って外出した場合にも、娘は夕方明るい間にわが家へ帰るようにしなければならぬ――と注意しているのであります。

現在のあなた方は、このような考えに対しては、おそらく「自分さえやましくなかったら、夜何時に帰ろうがかまわないではありませんか」と言いたい処でしょう。ところが、天才のルソーに言わせれば、そういう考え方こそ、いわゆる一を知って二を知らない浅知恵だというわけであります。では何ゆえルソーは、この様にいうているかと申しますと、女性の貞操に対する疑惑については、その潔白さを証明する方法がないからであります。随って、時どき夜更けて帰るところを、隣り近所の人びとが見ていて、例えば「どうもお隣りのお嬢さんは、近ごろ夜帰りが多いわね」などと、噂されるようになりますと、結婚の聞き合わせなどがあったような場合、隣り近所のことですから、ハッキリとはいわないにしても、ともすればコトバが濁《にご》りがちになりやすいということは、どうも防がれないでしょう。そしてそれは、先にも申したように、貞操に関する疑惑については、事実によってこれを弁明することが至難だという処からくるわけであります。

以上は、ルソーがその名著「エミール」の中で述べている事柄のうち、ホンの二、三について申してみたのであって、文字通り九牛の一毛に過ぎないのであります。しかし、わずかにこの程度のことによっても皆さん方は、世上多く見られるような、男女をまったく同じ様に取扱おうとしてきた戦後の教育には、大いに考え直さねばならぬ点のあることに、気づかれることでしょう。同時に人間教育の土台は、大たい思春期を中心とする数カ年の間に、その力点が置かれねばならぬことを考えますと、現在あなた方が、家庭および学校でどのような生活をしていられるかということが、あなた方の一生の、ほとんど七、八割近くを支配すると申しても、決して言い過ぎではないと思うのであります。すなわち、あなた方にとっては、その年ごろまでの家庭および学校教育が、ほとんどあなた方の一生の運命を支配するといってもよかろうと思うのであります。

ではそれには、一体どういうことが大事かと申しますと、第一には、女性には何よりも清潔ということが大切でありまして、それには肌着の類は申すまでもありませんが、すべて身につけるものは、できるだけ清潔なことが望ましいのであります。さらにまた、身の回りの整理整頓が大切であって、いわゆる「掃除好き」ということは、女性がわかい娘時代に身につけねばならぬ第一のたしなみといってよいでしょう。こう申すと皆さん方は、「お掃除が好きなんて人があるかしら――」と思われるでしょうが、しかしスッキリと掃き清められ、いわんや雑巾がけまで済んだあとの、何ともいえない清《すが》すがしさが、もし分からぬとしたら、それは一生の不幸といってよいでしょう。ところで、掃除の心がけとしては、お便所の掃除を以って最高としていることは、皆さん方もすでにお聞きのことでしょう。何となれば、それは一軒の家の中では一ばん汚れがちな所だからであります。ですから他家へ行ったさいにも、ちょっとお便所を拝借すれば、その家の奥さんの人柄はすぐに分るわけであります。ですから皆さん方も、娘時代の現在、すでにわが家において、便所の掃除を受け持っていられるようでしたら、もうそれだけで、他日リッパな主婦になれると言ってよいと思います。

次に娘時代に大事なことは、「料理」が好きになるということでしょう。そしてそれには、まず取りあえず、日曜日の昼のお料理を、予算を頂いて自分が責任をもって引き受けるということです。そうしますと、一週間にわずか一度でありましても、しぜんと料理に対して興味を持つようになりましょう。そして永い休暇のさいには、できたら毎日一食か、少なくとも隔日にお母さんと交替で、お料理をすることが望ましいのであります。そうして結婚されるまでには、お母さんの知っていられるお料理を、多少はへたでも、全部身につけておくということです。そしてそれを土台として、婚家先の家の料理をしだいに学んでゆきますと、その人の料理はひじょうに豊富な内容のものとなりましょう。何しろ料理というものは、毎日三度々々のことでありまして、唯の一食も容易に欠かされないものですから、どんなにその価値を力説しても、けっして過ぎるということはないでしょう。テレビなどでも、さかんに料理の講座があるようですが、しかしわが家において一おうの土台ができていませんと、いくらテレビを見ても、なかなかうまくはやれないもののようであります。ですから、わが家にいる娘時代に、できるだけお母さんの手伝いをして、お母さんの持っていられる料理を身につけることは、おそらく娘時代における最大の重要事かと思うのであります。

最後に、料理について今ひとつ大事なことは、料理というものは、女性として家族の人びとに対する「愛情」の、もっとも具体的な通路だということであります。すなわち女性というものは、夫やわが子に対する愛情を、まず「料理」を通して相手に通じるのが本当だということであります。ですから、女性でありながら、料理をメンドウがって、市場などで売っているインスタント食品などを食べさせておいて、「わたしこれでも主人を愛しているのよ」（一同大笑）だとか、いわんやわが子を愛しているなどと口先でばかりいうている人のコトバを、だれが一たい信用するでしょうか。これわたくしが、若い皆さん方に対して、とくに料理の意義の重大さを力説するゆえんであります。そしてそれは、他の事柄と同じく、否、他のどれよりも、皆さん方のような若い娘時代から手をつけないと、真に身についたものとはなりかねるのであります。

第一二講——家庭というもの

今日は六月に入ったせいか、大ぶん暑くなりだしたけれど、名児耶先生には相変らずの道服姿で、校長先生のご案内でお越しになり、やがて登壇。一礼の後、今日のテーマと次のような重吉の詩をお書きになられた。

(1) 光　　　　　　八木　重吉

ひかりと　あそびたい
わらったり
哭《な》いたり
つきとばし　あったりして
あそびたい

(2) ひびいてゆこう

おおぞら　を
びんびんと
ひびいてゆこう

(3) 路

路を　みれば
こころ　おどる

(4) 夜

夜になると
からだも　心も　しずまってくる
花のようなものを　みつめて
無造作に　すわっている

(1)の「光」という詩を読むと、重吉の心境がいくらか開けて来たような感じがしますね。健康が良くなったためというよりも、むしろこの頃になると、いくらか詩壇の一部に、理解者が現われかけたせいかも知れません。とにかく、重吉に「あそび」の心境の開け出したことは、注目に値することですね。

(2)の詩も、なかなか特色のある詩といってよいでしょう。もっともこの系列に属する詩は、処女詩集の「秋の瞳」の中にもすでに伺われはしますが、しかし如何にも重吉らしい表現といってよいでしょう。

(3)の「路」の詩、これもほぼ (2)と似たところのある詩といえましょう。なぜ路を見ると心が躍るかといえば、やはり一すじの道ほど、人生の歩みを象徴するものはないからでしょう。

ところが、(4)の「夜」という詩になりますと、(2)や(3)の詩に見られたような、異常な心の緊張も、しだいに鎮静して来ていますね。ところがここで重吉が、「花のようなもの」と言っているのは、現実の某《なにがし》かの花ではなくて、彼の心象のうちに映現した花であって、いわば重吉が心の中に眺めている一種の「心象の花」といってよいでしょう。

前回わたくしは、「娘時代の心がけ」と題して、現在の皆さん方の生活の中で、心がけられたらと思う事柄のうち二、三について、お話した次第ですが、しかし皆さん方の中には、「あんな窮屈なしかつめらしいことなんか——」と思われた人もあろうかと思います。同時にわたくし自身にも、そういう人の気持ちが分らぬわけでもないのに、一たい何故わたくしは、あのような話をしたのでしょうか。この点については、どうか皆さん方も、心してよく嚙みしめて、十分納得のゆくようになって頂きたいと思うのであります。では、それは一たい何故でしょうか。

ところで、今この点に関して、わたくしとして皆さん方に、真っ先に分って頂きたいと思いますのは、そもそもわれわれ人間にとって、家庭というものは、「人間形成の道場だ」ということであります。しかもそのような家庭の中心責任者は、われわれ男子ではなくて、あなた方女性なのであります。以前にも申したことがありますが、われわれ男性にとって、その全精魂を傾けて働く場処は、広い社会におけるそれぞれの職場であります。ところが、これに反して家庭という世界においては、その支配の中心責任者は、実にあなた方女性なのであります。すなわち妻として、また主婦として、さらに母親としての女性であって、父親とか夫としての男性ではないのであります。しかるにこの点に対する深い理解が、最近ともすれば若い女の人々に、欠けやすいようであります。それも未婚の間ならばまだしも、結婚してからも尚かつこの点に対する自覚の不十分な女性が、近ごろ少なくないようであります。

そのような場合、当の本人の不幸は申すまでもありませんが、ある意味ではそれ以上の被害者は、主人および子どもたちだと言ってよいでしょう。それというのもそうした女性は、妻として主婦として、ないしは母親として、自分が如何に欠けている処の多い人間かということに気づかないからであります。そのために被害をこうむるのは、実は自分以外の家族のほうが多いわけであります。

ではそうした場合、ご主人と子どもさんたちでは、どちらの被害がより大きいといったら良いでしょうか。この点については、人によって考えが違うかと思いますが、わたくしの考えでは、ご主人の被害もさることながら、がんぜない子どもの受ける被害のほうがより大きく、かつ深いのではないかと思うのであります。それというのも、なるほどご主人の被《こうむ》る被害の大きいことは勿論申すまでもありませんが、しかしその場合、被害の程度は誰の目にもよく分るわけですし、またご主人のほうは、何といっても大人ですから、ある程度それに堪えることが出来るといえましょう。

　実際今日のわが国では、こうして多くの夫が、女性としての自覚を欠いた妻によって、大きな被害をこうむっているといえましょう。しかも家庭というものの性質上、それは外側からは分りにくいために、人びとはそれほどまでとは思わず、まずいのはわが家だけであるとあきらめ、広い世間にはわが家同様に、否、わが家以上に分らず屋の妻のために、随分ひどい被害に堪えているご主人が少なくないということを知っている人は、意外に少ないのではないでしょうか。

　しかしながら、そうした無自覚な女性の被害を、もっとも深く受けているのは、実はがんぜない小さな子どもたちではないかと思うのであります。と申しますのも、まだ幼くていたいけな子どもたちの受ける被害は、相手がまだ小さいだけにより深くして大きいからであります。それは物にたとえますと、現在親指ほどの太さの木の皮に、小刀か何かできずをつけたとしたら、現在はさまで大きくはなくてもそのきずは、やがてその木が大きくなればなるほど、大きくなるのと同様だと言えましょう。つまり、そういう女性を母親として育てられた子どもさんたちは、一体どういうことが人間として良くないことか、あるいは恥ずかしいことかなどということが、分らぬままに育って、そのままやがて大人となるからであります。否、ひとりそれだけに留まらないで、時にはひどくいじけた人間になったり、ひがみ根性のつよい人間になったりして、まるできずだらけの樹木みたいになるわけであります。女性というものは、何よりもまず家族の人びとの心を温かく包んで、わが子を素直な、かつ人に対して温かい思いやりのある人間に育てねばならぬのに、そういう女性は、まるで嵐が野原を吹き捲るようで、家中の人びとの心が吹き曝《さら》されるのであります。女性の徳として最も大事なことの一つとして、昔から「堪え忍ぶ」ということが貴ばれて来たのは、女性はつねに自分の激情を押え、そうすることによって、家族全員の心を吹き荒らすような事のないことが、何よりも大事だからであります。

このように女性というものは、自分の激情に堪えてこれをこらえ、そしてそれに打ち克つことによって、家族の全員の心を包容してゆくのが、その本質的な任務なのであります。それというのも、かくあってこそ、初めて子どもたちのいたいけな魂も、すくすくと育つことができるからであります。ところが、もしこれに反して母親が、自分の激情を押えることができなくて、家族のものが常にその被害をこうむるという場合、もちろん主人のうける被害の大きいことは申すまでもありませんが、しかし小さな子どもたちの受ける被害に至っては、さらに一そう深くして大きいといってよいでしょう。何となれば子どもというものは、その年ごろが人間形成の土台にあたる時期ですから、その心に受けた見えない傷痕は容易に消えないどころか、年と共にいよいよ大きくなるからであります。

世間の心ある人びとによって、「女性は家庭の太陽である」といわれるのも、実はこうした真理をいうわけであります。すなわち、女性は「家庭」という王国にあっては、まるで太陽のように、家族全員の心を温めて、その諸もろの生命を育《はぐく》みそだてること、あたかも樹木における太陽のようだというほどの意味でしょう。それ故、もし太陽であるはずの女性に、そうした自覚が欠けていたとしたら、その家はまるで曇天のようであり、あるいは夕暮れどきのようであったり、さらに甚だしい場合には、夜中に寒風が吹き荒れているような家庭さえ、時には無いでもないわけであります。

以上わたくしは、女性は家庭における「太陽」のそれのように、家族を温かく包容して、はぐくみ育ててゆかねばならぬと申しましたが、同時に女性はまた、海上が荒れて風浪の激しい時、多くの船が、それぞれ最寄りの港に避難する良港のような役目をも、果たさねばならぬのであります、実さい、世の中というものは、とかく風波の絶えないものでありまして、多くの男たちは、それによってその心が傷つき損なわれるのであります。何となれば男というものは、広くて複雑な世の中というものを、その活動の「場」として、まるで雄狼と雄狼とが、血だらけになって、一匹の獲物を奪い合うような一面がありますから、外側からはそれとは分りませんが、毎日大なり小なり、心の傷つかぬ日は無いといってもよいほどでしょう。

では、そのような見えない心の傷は、一体いつどこで癒されるのでしょうか。それこそ実に、わが家に他ならぬのであります。皆さん方はまだ、一軒の世帯の重荷というものを負うてはいず、いわんや激しい世間の競争場裡に出たことはないのですから、随って皆さん方のお父さんが、外でどれほど男同士の競争のために、つらい思いをしていられるかなどということは、お分りにならぬのもムリはありません。しかし皆さん方くらいの年ごろになったら、もうボツボツこうした事も分りかけて、そういう気持ちでお父さん方をながめ、それとなく、その心中をお察ししてあげられるのが、本当ではないでしょうか。何となれば、人間の知恵の最上なるものは、相手の人の心に対して、どれほどまで察しがつくかどうか、ということだからであります。いわんや、将来あなた方が結婚せられて、妻となった場合、夕方ご主人の帰りを迎える気もちに、先ほど申したように、荒天の海上から風波にもまれて、良港であるわが家に避難する船長を迎える心にも似通うもののあることを、どうか忘れないようにして戴きたいものであります。

　ところが、そうした場合に、もし妻たる人に、只今わたくしの申したような心掛けがなかったとしたら如何でしょう、そして、外でその心が傷ついて帰ったご主人の心を、温かく抱きとって、静かな慰楽の場処を提供する任務を忘れて、ささいな事のために、逆に自分の心がすさみ、それを鎮めることが出来なかったとしたら、ご主人としては一体どうされたらよいでしょうか。せっかく良港と思って帰ってきたその港が、まさかこんなに荒れているとは思わなかったといって、ついには他の港を探し求めるようにならぬと、誰が一たい保証できるでしょうか。わたくしは世間によく見られる、家庭争議というものの多くは、こうした処にその原因があるのではないかと思うのであります。

　さて、以上お話してきた処からして、家庭というものは、大きく分けて二つの任務があると思うのであります。そしてその一つは、㈠わが家は子どもたちにとっては、いわば春の陽光の射している苗床にも比せられましょう。そしてそれによって、子どもたちの幼くて柔らかいいのちは、スクスクと育つことができるのであります。つぎに家庭のもつもう一つの役割りは、㈡主人にとっては、否、主人のみと限らず家族の全員にとって、それは前にも申すように、いわば荒天の海における避難港のようなものでありまして、社会という大海に船出した男性が、荒天に出逢ってその心の傷ついた人々が、夕方それぞれの家庭に帰り、そこで暖かく迎えられてうち寛ぐことにより、いつしかその心の傷も癒され、一夜明ければ、再び新たなる船出に上ることができるのであります。

同時に、そうした根本の「力」となるものこそ、実に妻であり、主婦であり、そして母親としての女性なのであります。それはまた、近ごろの出来事にたとえて申せば、男というものは、いわば飛行機に乗る機関士みたいなものであって、幾百人という多くの乗客を乗せながら、自分も生命を賭けて、それらの人びとを目的地まで届けるのがその使命だとすれば、女性はそのように、日々生命がけで働いて空港へ帰り着いた時、明日の飛行のために、人知れず航空機の手入れを怠らぬ細やかな心遣いの整備員の、それにも比すべき役割りだともいえましょう。同時にその場合、整備員の心づかいについて、これを知る人は少ないようですが、それを最もよく熟知しているのは、いうまでもなく当の飛行士その人であります。何となれば、その場合飛行士は、少なくとも自分の生命の一半は、整備員の手中に握られていることを知悉《ちしつ》しているが故であります。しかも家庭における女性の使命の重大さは、それ以上だということについては、もはやこれ以上くだくだしく申すまでもないことと思いますので、今日はこれで了《おわ》ることにしたいと思います。

第一三講――男子の教育と女子の教育

今日もうっとうしい梅雨、その中をお越し下さった道服姿の名児耶先生に接すると、しぜんと心が引きしまってくる。やがて壇上に立たれて一礼の後、今日のテーマと、次のような八木重吉の詩をお書きになった。

(1) 果　物　　　　　　　　八木　重吉

秋になると
果物は　なにもかも忘れてしまって
うっとりと実のってゆくらしい

(2) 壁

秋だ
草はすっかり　色づいた
壁のところへ　いって
じぶんの　きもちにききいっていたい

(3) 私

ながいこと　病んでいて
ふと　非常に　気持がよいので
人の　見てないとこでふざけてみた

(4) 花

おとなしく　して居ると
花花が　咲くのねって
桃子がいう

もうこの辺まで来ますと、皆さん方にも、八木重吉という詩人の世界の一端が、お分りになりかけたかと思います。

(1)の「果物」という詩も、なかなかいい詩でしょう。重吉の心が、スッカリ果物になり切っていますからね。そしてここで果物とあるのは、たぶんリンゴでしょう。

次の(2)「壁」という詩ですが、この詩もいかにも重吉らしいですね。ところでこの場合、壁に向かい合っているというよりも、たぶん壁の近くへにじり寄って、自分の内心の声に聞き入ったというのでしょうね。

さて、次の(3)「私」という詩ですが、この詩もいかにも重吉らしい詩ですね。それというのも、永いこと病床に臥せっていたのが、少し体の調子が良くなったからというので、人の見ていないのを幸いに、独りでふざけて見た――というんですからね。人間は悲しみのドン底から浮かび上がると、こうした気もちにもなるんでしょうよ。

そして最後の(4)「花」という詩もいいですね。長女の桃子は、重吉がそれこそ眼に入れても痛くないほどに可愛がったようですが、そのためか、子どもながらに、父親に似たことをいうようになったんですね。

前回は「家庭というもの」というテーマでお話いたしましたが、実さいおたがい人間というものは、自分というものはなかなか分らぬものであります。ですから、現在恵まれている人の多くは、自分が恵まれているとは、気づかないのが普通であります。同様に、家庭についても、家庭というものが、わたくしたちにとって、如何に大きな役目を果たしているかという点については、平生はあまり気づかずにいる場合が多いといってよいでしょう。そして時たま泊りがけで他所へでも出かけますと、わが家に帰ればだれもが、「ヤッパリうちが一ばん良い」といって打ちくつろぐのでしょう。

ところが皆さん方は、女性に生まれたということのために、やがて結婚すれば、そうしたわが家の「太陽」となり、その中心責任者になるわけであります。ですからその任務が重大なだけに、その責任もまた重いわけであります。随《したが》ってそこからしてまた、女子教育というものについても、おのずから男子のそれとは、その趣の異なるところがなくてはならぬというのも、これまた当然と言ってよいでしょう。すなわち女子の教育については、一面からは男子と共通的な基盤に立つ必要があると共に、他の半面には、男子とは違う一面があって然るべきだというわけであります。そしてこのように、共通面と相違面という二つの面をもつところに、女子教育における重点があるわけですが、どうもわが国の女子教育は、あまりにもアメリカ一辺倒だったために、こうした点においても、不十分な点が多かったといえましょう。

では一歩をすすめて、女子教育において、もっとも重要な点は一体どういう点かと申しますと、それは一口で申せば、知識よりも教養が大切だともいえましょう。もちろんこれは、ひとり女子においてのみならず、男子の教育においても、結局は知識よりも教養が大切だといえましょうが、しかし女子教育においては、この点が一そう切実に当てはまると思うのであります。

では、それは何故かと申しますと、男子というものは、社会組織の構造上、その分業化にともなって一おうそれぞれ専門的な部署につくわけであって、そうでなければ生活してゆけないのであります。随って、そうした自分の専門とする領域については、人に負けないだけの、特殊な専門的な知識・技能を必要とするわけですが、専門以外の事柄については、それほどよく心得ていなくても、ひと通り済んでゆくともいえるのであります。もちろん男子も、その専門しだいでは、広く社会全般の事柄にわたって心得ている必要があるといえましょう。しかし仕事のいかんによっては、そんなに広い範囲のことは知らなくても、一おう事はすむともいえるわけでありまして、例えば理工科方面、とくに技術的部門の仕事となりますと、その範囲内の事柄は、それこそどんな些細な事柄にもよく通じていなくてはなりませんが、その代りに専門以外の部門については、それほど知っていなくても一応はすむといえましょう。

こういうわけで、男子の教育というものは、それぞれ専門的な特殊部門の知識技能を身につけることが肝要であって、そうした意味からは男子の教育は、ある意味では一種の職業教育といってもよいのであります。大学の理工科などは特にそうですが、それらの基礎には、高度の数学的知識が予想せられているわけであります。さらにまた、医科や農科があり、医科の内容も多くの部門に分れていることは、皆さん方もすでにご存じの通りですが、しかしこれはひとり医科だけの事ではなくて、一口に農科といっても、その内容は多くの専門的部門に分かれているわけであります。そういう点からは、前には大ざっぱに理工科などと申しましたが、それらの部門も一歩その内部に立ち入れば、わたくしなどの知らないような幾つかの細かい部門に分かれているわけであります。

以上は、普通文科系と考えられていない部門について述べたわけですが、なお以上の他にも天文学だとか、航海学、船舶学などというふうに考え出したら、わたくしたち男性がそれぞれその専門として修める分野が、いかに多くの専門的部門に分かれているのか、わたくしなどには全く見当もつかないほどであります。しかもわれわれ男子は、そうした沢山の専門領域の中のどれか一つを徹底して修めれば、それで一おう社会において自立することができるのであります。

ところが、ひるがえって皆さん方女性について考えた場合には、一体どういうことになるのでしょう。なるほどあなた方女性の場合にも、現在では男子と同じような専門的知識を修める人がないわけではありません。そしてそれらの人びとの中には、そうして修めた専門的知識によって、男子と肩を並べて社会上一つのポストに立ち、リッパに働いている人も決してないわけではありません。そしてそれは一おう結構なこととは思いますが、しかしそれらの人は、男性全体との比較の上から見れば、きわめて少ない比率でしかなく、同様にまたこれを女性全体の上から見ましても、比較的少数の人でしかないのであって、大部分の女性は、たとえ大学時代は男子と同様に、それぞれ専門的な学問を専攻した人でも、結局は家庭の人となるのが大方だといってよいでしょう。

勿論そうした場合にも、大学時代に学んだ学問の一端は、そうして家庭人となってからも、必ずやある程度生かされる事とは思いますが、しかしそれは同じ専門の学問を修めた男性が、生涯その途《みち》で立ってゆくのと比べる時、そこには大きなひらきがあると申してよいでしょう。十年二十年もたったとしたら、両者の専門的知識の差は非常に大きくなって、ほとんど比較し難いほどになるのではないかという気がするのであります。

只今わたくしが、この様なことを申しますのは、どちらが良いとか悪いとか言おうとしているのではなくて、事実を事実と申しているのであります。言いかえれば、かりに大学時代に同じ専門的な学問をした人びとでも、男女それぞれ、その行く途を異にするようになった場合の事実を申すだけであります。同時に、そこからしてわたくしは、男性と女性とでは、同じく高等教育をうける場合でも、かなりそのやり方を考えねばならぬのではないかと思うのであります。たとえば男子の場合には、その専門はごく狭い範囲のことでよい代りに、いやしくも専門内の事柄に関しては、何人にもひけをとらぬだけの、実力を持っている必要があるわけであります。

ところが、女性の場合には、その点は大いに趣が違うのでありまして、もし女性の場合、しいて専門というべきものがあるとすれば、それは一家を治めてゆくことでありまして、すべての知識や技能および教養は、すべてが家庭生活の上に生かされて、初めて真にその意義と価値とが生じるのであります。すなわち女性の場合には、その人が職業婦人として社会に働く場合は別ですが、そうでない限りそれらの知識や技能は、直接にか間接にか、家庭生活の上に生かされるのでなければ、その意味はないわけで、もしそうでないとしたら、それらは大した価値はないともいえましょう。そしてこれらの点が、一般に女子教育においては、深く考えられねばならぬ点ではないかと思うのであります。

さて以上わたくしは、男性とは違って女性の場合には、すべての知識が直接的にか間接的にか、「家庭生活」の上に生かされるのでなければ、真の価値を発揮し難いと申しましたが、この事は言いかえますと、女性の場合にはすべての知識や技能が、家庭という基盤の上に生かされ統一されなければならぬというわけであります。同時にわたくしたちは、そのように知識や技能が、人間的に統一せられて生かされることを、ふつう「教養」という名で呼んでいるのであります。随って学校教育におけるように、知識を授けることを主とするものを教育と呼ぶとすれば、先に申したように、すべての知識をわが身に生かして、人間的に融《と》かすところの「教養」は、現在のような学校教育だけでは、どうも身につきにくいのじゃないかと思うのであります。と申すのも、もともと「教養」というものは、自分自身の体に融《と》け込んだものをいうのでありまして、外側から授けたり、注ぎ込んだり出来るものではないからであります。それ故また、そうした観点から申しますと、真の「教養」というものは、もともと学校教育などによって授けられるものではないとも言えるわけであります。

しかしながら、それでは学校教育というものは、人間的な「教養」とは全然無関係かと申しますと、そうは言えないのでありまして、やはり「教養」のための重要な基礎というか土台になるといえましょう。しかしそうかといって、高い学校教育を受けなければ、「教養」を身につけることは不可能かというと、そういうわけでもないのでありまして、現にわたくしなどの知っている狭い範囲でも、学校教育としては義務教育をうけた程度の人で、大学卒業どころか、へたな大学教授よりは深い教養を身につけていられる人も、少なくないのであります。たとえば出雲民芸紙の創始者の安部栄四郎さんなども、いわばそうした方のお一人といってよいでしょう。

ではそういう方々は、一体どのようにして、そうした偉大な教養を身につけられたかと申しますと、それは第一には、遺伝的な素質が卓《すぐ》れていられることと、もう一つは、指導者としてリッパな方について、その指導を受けられたということ、そして第三には、読書はもちろんのこと、広く卓れた方々と交わられたということでしょう。

そこで、この「知識・技能と教養」という点について、最後に申したいと思うのは、大学を出たという程度のことは、女性の教養という点からは、一こう大したことではないということを深く心得て、そうした形式的な、いわゆる「学歴」などというものを鼻にかけたりなどしないで、生涯にわたって真の「自己教育」をしようという態度を確立して、読書はもとよりラジオの講座などでも、卓れた方のお話などはつねに心して聞くように、絶えざる努力を続けられることが大切だと思うのであります。

第一四講――結婚について

道服姿の名児耶先生は、今日も校長先生の先導でご入場になり、おもむろに登壇。一礼の後、今日のテーマと、次のような八木重吉の詩をお書きになった。

(1)　不思議　　　　　八木　重吉

こころが　美しくなると
そこいらが
明るく　かるげに　なってくる
どんな不思議が　うまれても
おどろかないと　おもえてくる
はやく　不思議が　うまれれば
いいなあと　おもえてくる

(2)　悲しみ

かなしみと
わたしと
足をからませて
たどたどとゆく

(3)　草をむしる

草を　むしれば
あたりが　かるく　なってくる
わたしが
草を　むしっているだけになってくる

(1)の「不思議」という詩はいいですね。どうもこれは、重吉の心境が、かなり開けて来たころの作でしょう。そしてそれは、「明るい」というコトバと「かるい」というコトバとが使われ出したことから窺えますね。そしてそこからして、何か「不思議」を待ち望む気持ちになって来たのでしょう。しかも重吉のこのような明るい心境は、さらに(2)の「悲しみ」という詩になって来るわけです。ここでは重吉は、悲しみを悲しみとしながらも、それに巻き込まれないで、悲しみと足をからませながら、たどたどとゆくとうたっていますが、この悲しみのために参ってしまわないで、生きるようになったということでしょうね。

そして(3)の「草をむしる」という詩は、その趣をもっともよく詠んでいると思いますね。ちょっと読んだだけでは、何の変哲もない、平凡な事柄を詠んだ詩と思われましょうが、しかし下を向きながら、一本々々雑草を抜くということは、おのずと人間の心をつつましく謙虚にするでしょう。そして、そうした気持ちを、この詩は詠んだわけでしょうよ。

前回には、「男子の教育と女子の教育」というテーマでお話いたしましたが、教育というものには、男女に共通な面と共に、男女によってその趣の変る面とがあるわけで、そこからして、男子の教育には、専門家をつくるという点に一つのねらいがあるのに対して、女子の場合は家庭がその土台となり、根本的にはすべてがそこに向けられねばならぬ、ということを申したのであります。随《したが》ってその意味からは、男子の教育が専門教育であるのに対して、女子の教育は教養教育が主となるべきだともいえましょう。

そもそも教養というコトバは、英語のカルチュアとかドイツ語のビルドゥングからきた訳語でありまして、本来の日本語からいえば、むしろ「たしなみ」ということばがこれに近いと言ってよいでしょう。それというのも、たしなみという日本語は、ご存じのように、その人の人格とか人柄に融《と》けて生きているものをいうからです。随って男子の教育では専門教育が主となるとすれば、女子の教育はたしなみを主とすべきだとも言えましょう。随って、これら二つのものの相違をハッキリさせることが、現在のわが国では大切なわけであります。同時に、このように考えてきますと、現在の学校教育というものには、どこか外面的手段的な処があって、真の教養というものからは、離れているという感じがするのであります。つまり、たしなみという趣には欠けている処が多いと言えましょう。ということは、今日学校教育において授けている知識や技能は、まだ外側からのつめ込みが多くて、真に体にとけ込んで、何らギコチなさのないものとならねばならぬわけですが、どうもそういう処へは、まだほど遠いという感じがするのであります。随って学校教育は、人生におけるある一時期の問題でありますが、教養とかたしなみということになりますと、これはわれわれ人間としては、幾つになっても心がけねばならぬ生涯の問題といってよいでしょう。

ところで、今観点をかえて、女性にとってその生涯における最大の関所は何かといえば、それは結婚といってよいでしょう。しかしながら、この結婚という関門をくぐる前に人びとの多くは、何らかの意味において恋愛という人生の試練を経験するというのが、多くの人びとにとって、ほとんど不可避といってもよいほどでしょう。それ故この点を避けたとしたら、女性論としては「魂」の核のないものとなるともいえましょう。

では、恋愛とは一体いかなるものでしょうか。それに対してわたくしは、恋愛とは造物主が男女の両性を結合させるために仕かける、一種のトリックだと考えるのであります。もっとも、このような考え方は、大よそ美的ないしは文学的なものではなくて、しいていえば哲学的、ないしは形而上学的な恋愛観ともいえましょう。ここで「形而上学的」というのは、いわば純正哲学的な立場ということでありまして、最もふかい大観の立場ということであります。そこで、あれほど当事者たちが夢中になり真剣になって、時にはその為に「死」をすら厭わないほどの恋愛現象も、そのような大観の立場から眺めますと、造物主によって仕かけられた一種のトリックに外ならぬというわけであります。そしてわたくし自身も、ささやかながら一人の形而上学者として、根本的には結局こうした「恋愛トリック説」に落ちつかざるを得ないのであります。

しかしながら、単にこのように申しただけでは、皆さん方にはどうも納得がゆきにくいでしょうから、以下少しく、その意味について、お話することにしたいと思います。それというのも、まだ若くて結婚などされていない皆さん方にとっては、「恋愛」といえばとかく一種の「神聖」なものと考えていられるのでしょう。もっともそれはそれとして、けっして意味がないわけではないでしょう。が、とにかくそれに対して、事もあろうに、造物主の仕かけたトリックだなどというに至っては、断じて許せない事だと考えられることでしょう。

ではそれに対して、恋愛とは造物主が、わかい男女に対して仕かける一種のトリックだというのは、一たいどういう意味でしょうか。それについていま端的に申すとすれば、それは造物主が人類の繁栄のために仕かけたトリックであって、わかい男女はそれに引っ掛って結婚し、そして間もなく造物主の目論んだ通りに、そこに子どもが生まれるというわけであります。実際、子どもを生み子どもを育てるということは、やがて皆さん方もそのうちに経験せられるわけですが、それは実に大へんな事なのであります。随って、「恋愛」というような一種の非常手段にでも訴えないかぎり、人間はなかなか結婚したがらないわけですが、しかしそれではやがて人類は絶滅の危機に陥りますので、造物主としてはどうしても、一種のトリックに掛ける他ないわけであります。

では造物主の仕かける「トリック」とは、一体どのようなものかと申しますと、今これを分りやすく申せば、相手方の長所はこれを非常に拡大し、これに反して短所は縮小化して、ほとんど眼に入らないようにさせる作用をいうのであります。そこでわれわれ人間は、ひとたび恋愛にとりつかれますと、自分が結婚しようとしている相手は、もはやこの広い地上にこの人の外にはない――と考えるようになるのであります。随って、お互いに万難を排して、その相手と結婚せずにはおかぬという気持ちにさせられるわけであります。

ところが、先ほど来申して来たように、恋愛というものは、もともと造物主の仕かけたトリックですから、一たん結婚してしばらくたてば、やがてそれは「幻滅」の悲哀とならざるを得ないのであります。すなわち、他に二人とはないと思われた相手の長所もしぼんでしまって、それほどでもなくなると共に、他面、それまで眼がくらんで全然見えなかった相手の短所が、急にクローズアップせられてくるのであります。しかもそれらは共に、これまで全く気がつかなかっただけに、ひじょうに拡大せられて来て、ついには堪え難くなり、あげくのはて、「離婚」沙汰にまでなる例は、決して少なくないのであります。しかもこの際注意すべきは、離婚率という上からは、恋愛結婚のほうが、見合結婚よりもはるかに多いようですが、それは以上申してきたことをよく考えてみられたら、まったく当然の結果だということが、お分りになりましょう。随って戦後のわが国では、結婚の理想は恋愛結婚であるかに考えられて来ましたが、現在となっては必ずしもそうでない事が、事実の上からしだいに証明せられ出して来たようであります。

そこで眼を転じて、では結婚は見合結婚のほうが良いかというと、これも必ずしもそうとは言えない様であります。ではそれは何故かと申しますと、結婚というものは、男女が互いに補い合って一つの完全体を築き上げてゆく努力をいうわけですが、そのさい見合結婚の場合には、相手の両親の社会的地位とか財産などという、言わば外的な条件が一種の雑念として混入しやすく、そのために、純粋に結婚の当事者たる二人の性格の合、不合だけでは、決定せられない場合があるからであります。

そうした点からは、恋愛結婚の場合には、さすがに造物主の選択だけあって、そのような性格上の相補関係という点では、元来巧《うま》くゆくはずですが、しかし実際上の事例について観察してみますと、必ずしもそうとばかりは言えないようでありますが、それは主として双方のわがままのせいでしょう。同時にまた、恋愛の場合には、男女共に相手方に対するその好みの上に、一種の「型」があって、何度恋しても、どこか似通った相手を選びがちでありまして、こうした処を見ますと、そこには恋愛結婚というものの長所があるわけであって、それはお互いの性格上の相補関係によって選ばれるという点を挙げることができるかと思います。

しかしそれにも拘らず、恋愛結婚が必ずしも上首尾と限らないばかりか、かえって見合い結婚とくらべて、その離婚率が多いと言われるのは何故でしょうか。この点については、深く考えてみる必要がありましょう。さて、その場合第一に挙げたいのは、前にもちょっと申しましたが、当事者双方の我がままでありましょう。すなわち、恋愛結婚の当事者たちは、実際の結婚生活に入ってからもなお、相手を恋愛時代の延長として考えやすいのであります。ところが、いつまでもそうはゆかず、そのうちに一方の我がままが出かけますと、相手もいつまでも夢見ているわけには参りませんから、そこには当然に衝突が起こるわけであります。しかもそうした「幻滅」は、男女の双方共にそうなわけですから、そこで今や見合結婚の場合よりも、はるかに激しい衝突がくり返され、あげくのはてが、ついに「離婚」沙汰となるのであります。

そこから今一つ、恋愛結婚の欠点ともいうべきは、人間は結婚することによって社会人として色いろな責任を負わねばならず、そこからして色々と現実的な制約を受けることになるわけですが、そうなりますと、当事者二人だけでは周囲の社会から切り離されて、周囲を無視していた事が、意外に重大な支障となって来るのであります。たとえば、双方の親の貧富のへだたりとか、または当事者双方の学歴差などということは、結婚前にも勿論観念的には一応十分に理解し承知していたはずですが、一たん結婚したとなりますと、双方の親たちから文句が出るばかりか、ついには当事者双方の間でも、それが問題となる場合さえ少なくないのであります。これによっても、恋愛というものは、単に二人の当事者間だけのロマンティックな関係ですが、ひとたび結婚いたしますと、それらは現実の社会的な事象ないしは条件となるからであります。

では次に、見合結婚の長所はどうかと申しますと、それは大よそ次の二点にしぼることが出来ましょう。その一つは、結婚生活というものを、恋愛結婚のような我がままから出発しないということでありま す。つまりお互いに自己を制御することから、結婚生活が始まるということでありまして、これが見合結婚における第一の長所といってよいでしょう。第二の長所は、双方の家庭の社会的な地位や、また当事者間における学歴その他の条件が、一おう客観的に釣り合いがとれている場合が多いということであります。こうした事柄も、現実の結婚生活が始まりますと、必ずしも無視ないしは軽視できない事柄であります。それどころか、現実の結婚生活においては、双方の食べ物の好みというような、一見何でもないような事柄さえ、毎日三度々々の事ですから、その喰い違いはかなり深刻な問題となるともいえましょう。わたくしの知っている或るご夫婦では、その点がほんとうに解決するのに、ほとんど生涯かかったと聞いたことがありますが、案外笑えない話でありまして、現実の結婚生活というものは、実はこのようなものなのであります。

以上によって皆さん方は、恋愛結婚と見合結婚のうち、いずれがはたして良いかという事については、どうも一般的な結論は出しにくいということがお分りになったことでしょう。かくしてこの点についても、「すべて現実界の事は一長一短」だということがお分りになられたかと思うのであります。随ってわたくしは、皆さん方の結婚に対して、どちらが良いですなどと申すことは出来ませんが、唯、恋愛結婚の場合には、以上申して来たような点からして、我がままの出ないように、十二分の覚悟が必要だと思うのであります。

第一五講――夫婦の愛情

いつしか初秋の風が爽やかになって来た。今日も名児耶先生は、校長先生の先導でお越しになられたが、おもむろに壇上に昇られて、一礼の後、今日のテーマと共に、次のような重吉のお詩をお書きになった。

(1)　春　　　　　　　八木　重吉
雀を　みていると
私は　雀になりたくなった

(2)　あさがお
あさがおを　見
死を　おもい
はかなき　ことをおもい

(3)　西瓜を喰おう
西瓜を　くおう
西瓜のことを　かんがえると
そこだけ　明るく
光ったように　おもわれる
はやく　喰おう

(4)　虫
虫が　鳴いてる
いま　ないておかなければ
もう駄目だ　というふうに鳴いてる
しぜんと
涙を　さそわれる

(1)の詩をよんでいると、重吉が雀になりたくなった——と詠んでいる気持ちの、分らぬ人もおありかと思います。しかしわたくしには分るような気がします。だから、この詩が好きなわけです。

次の(2)「あさがお」という詩も、いいですね。それというのも、朝顔という花は、ご承知のように、非常に華やかで明るい花でしょう。しかし、少し陽が射し出すと、しぼむのも早いでしょう。重吉も詠んでいるように、美しいけれど実に果《は》かない花ですね。

次の(3)「西瓜」の詩も、明るくていいですね。西瓜については、山村暮鳥がたくさん良い詩を詠んでいますが、重吉は暮鳥とは同時代の人ですから、あるいはどちらかが多少影響をうけているかも知れません。

次に(4)の「虫」という詩も、生物界の果かなさを詠んだ詩として、実に忘れ難い良い詩ですね。最後の二行は、人によっては「無くもがな」と思う人もありましょう。わたくしもどちらかといえば、そのほうに賛成です。しかし若いあなた方には、やはり有ったほうが良いでしょうね。

前回には、「結婚について」というテーマで、「恋愛結婚」と「見合結婚」のもつ、それぞれの長所と短所を廻《めぐ》って、結婚というものの種々相について、あらましの事をお話したつもりです。そしてそれによって明らかになったことは、恋愛結婚はどうしても主情的なものが勝つのに対して、見合結婚のほうは、恋愛結婚とくらべれば客観性があるともいえましょう。しかし男女両性の間にはたらく微妙な心情の作用という点になりますと、恋愛結婚に劣る点がないともいえないでしょう。同時に恋愛結婚のほうは、双方共に、とかく我がままが出やすいですから、両者の優劣については容易に言えないわけであります。

それ故、もし強いて言うとすれば、自由な見合いによって、そこで恋愛に近いものに出逢うことが出来たとしたら、それは現実におけるほぼ理想に近い結婚の仕方ともいえましょう。しかしそうした場合はメッタに得難いことを考えますと、これもまたたやすいことではないわけであります。では結婚というものは、何故かくもむずかしいかと申しますと、それは今端的に申せば、それによってこの地上における人類の相続発展が可能になる最大の事柄だからであります。すなわち、文字通り人生の「一大事」でありまして、昔から親子と夫婦という関係は、「人倫の大本」と呼ばれて来たゆえんであり、地上の人間界における一切の人間関係の成立する根源だからであります。それというのも、親子さえも実は夫婦あっての事だというべきだからであります。もっとも、こうはいってもその夫婦さえ、実はそれぞれ親子関係があって、それによって初めて成り立つことを考えますと、親子・夫婦という関係は、たやすくは後先きをいうことの出来ない「生命」の最も深い循環の大用の現われだからであります。

このように考えて来ますと、結婚というものの成立する根底には、結局「縁」とでもいう他ないような生命の深い連関関係が作用《はたら》くといってよいでしょう。同時に、一たん結婚したとなりますと、度たび申すように、夫婦は社会を構成する「単位」として、それぞれ現実の責任を負うことになるわけでありますところがその場合、女性には ㈠妻として ㈡主婦として、および ㈢母としてという三つの面があるわけですが、しかしこれは男子の場合でも、㈠夫および ㈡父親という面の外、さらに社会組織の中における ㈢職場の一員という面のあることと、相応じるわけであります。そしてその場合、夫が職場の一員という面をもつのと、妻が主婦の座をもつのとが、相応じるわけであって、そこに夫婦というものの持つ客観的な面があるわけであります。ところで、その際男子のほうは、夫としてという面と、社会人としての職場における面とは、その置かれる「場」が違うのに対して、女性のほうは、妻の座も主婦の座も、共にわが家にあるという点に、その特徴があるわけであります。随って女性は、妻としても主婦としても、その働く「場」は、わが家にその座があるわけで、家庭がその土台となる点において、男子が社会組織の中の一員として、直接社会の中にその部署を持つのとは、大いにその趣を異にすることを知らねばなるまいと思います。

このように考える時、では妻という面と主婦という面とは、どのように違うと考えたらよいでしょうか。この問題は、だれにも分り切ったことの様ですが、かりに一おう分けて考えるとしますと、妻というのは夫に対しての立場ですが、これに対して主婦というのは、家事の統裁者というか、家事の責任者としての面から名づけるのですから、それぞれ違った象面を持つわけであります。しかしながら、根本の主体としては、もとより同一人格なことは申すまでもありません。それ故言い換えますと、一人の女性がある時は妻として、また他の場合には主婦として働くわけでありまして、そうした点からは、一種の「一人二役」ともいえるわけであります。

では、一歩をすすめて、女性は妻として一体どのようなことが大切でしょうか。こう申せば皆さん方は、すぐに「それは夫を愛することでしょう」と言われることでしょう。また一応それに相違ないわけですが、しかし問題は単にそう言っただけですむ事柄ではないと思います。何となれば、そこには「夫を愛するとは一体どういうことか」という重大な問題が残されているからであります。すなわち「愛」

という幕を引いた場合、一たいどの様な事柄が並んでいるかも考えないで、唯「愛でしょう」と答えるだけでは、まったく無内容な答えという他ないのであります。どうもわれわれ日本人は、民族としての苦労が足りませんので、ともすればこうしたおざなり的なきまり文句だけで、事がすむかに考えやすいのであります。そしてその上わたくしの考えでは、どうも「愛する」というコトバは、維新以後西洋から入ったコトバであり、そのためにわれらの民族は、まだ十分にこなすまでに至っていないのではないかと思うのであります。

しかしこの問題は、ひじょうに大きくて深い問題ですから、ここではこれ以上立ち入ることは避けるとして、では夫を愛するとは、一体どういうことでしょうか。わたくしは大きく考えて ㈠夫を人間として愛するということと、いま一つは ㈡それに基づいて自己を捧げることではないかと考えるのであります。ではそのうち、第一の「夫を人間的に愛する」とは、一体どういうことでしょうか。これはちょっと考えますと、だれにも分り切っていることの様ですが、しかし考えてみますと、必ずしもそうとは言えないようであります。それというのも、この場合愛するとは、必ずしも夫が理想的な完全な人間だから愛するというわけではないからであります。そうした理想的な人間などというものは、メッタにあるものではないのです。なるほど結婚するまでは、とくに恋愛結婚の場合には、相手を理想的な人間と考えて結婚するわけですが、度たび申すように、そういう幻想的なイリュージョンは、一たん結婚すれば、時と共にしだいに消えてゆくわけですから、もし愛するということが、相手が理想的な人間でなければ愛しないとしたら、そういう愛は実際には成り立たないわけであります。それというのも、人間というものは、お互いに欠点だらけの存在だからであります。その上に、相手が理想的な人間でなければ愛しないというのでは、実に自己中心的なひじょうな利己主義者といってよく、愛などというものとは、大よそ正反対なものと言ってよいでしょう。

では、このように考えて来るとき、愛とは一体どういうことでしょうか。問題は依然として困難なわけですが、わたくしの考えますには、「愛」というものには、㈠どうしても相手を手放したくないという切なる要求と共に、他面 ㈡相手のためには、自分のすべてを捧げるという処がなければ、真の愛とはいえないのではないかと思うのであります。そして真実に「愛」と呼ばれる心の作用には、このように一見相反するような生命の両面があって、しかもそれらの両面が、ふかく結びついていなくてはなるまいと思うのであります。もしそうでなくて、㈠のように唯相手を手放したくないというだけなら、実は相手を自己に隷属させることでありまして、それは「愛」どころか、ひじょうに利己的なものであって、ある種の男性が女性に対して「自分はある女を愛している」などという場合にも、ともすればこうした場合が多いといってよいでしょう。

そこで真の愛情というものは、先ほども申すように、㈠どうしても相手と別れたくないと思う気持と同時に、他面 ㈡相手のために自分を捧げるという処がなくてはならぬ——と思うのであります。そしてかくあってこそ、初めて真に「愛」の名に値すると思うのであります。かくして多少の誤解を恐れずに申すとすれば、愛には ㈠相手の一切を奪わずにはいられないという一面と共に、他の一面では、㈡相手のために自分の一切を捧げずにはいられないとなってこそ、初めて真に「愛」の名に値するといえましょう。

そのように、われわれ人間の「愛」という作用《はたらき》には、ある意味では正逆ともいうべき両面があるわけですが、では、そうした正逆の心の作用を、その根底において支えているものは、一たい如何なるものと言ったらよいでしょうか。かく問うことによってわたくしは、それこそは「信」というものだと思うのであります。すなわち結婚生活というものは、双方が相手に対して、深い人間信頼を基盤とすることによって、初めて成立すると思うのであります。今その点をさらに一歩すすめて分析すれば、わたくしたちが、愛する相手を自分から手放したくないと思うのも、実はその根底には、相手への「信」を予想して、初めて成り立つというべきでしょう。いわんや相手のために、自己の一切を捧げるというに至っては、相手に対する徹底的な「信」なくしては、とうてい不可能といってよいでしょう。

では更に一歩をすすめて、ここに信というのは一たい如何なることをいうのでしょうか。それに対してわたくしは、信とはある意味では、相手に対して自己を賭けるという心の作用かと思うのであります。赤いものを見て赤いと思うのは、普通の意味では信とは申しません。そうした場合には、ただ「赤いから赤いというのだ」というでしょう。では何ゆえ信じることには、自己を賭けるという意味があるかというに、それは人間の心には色も形もないからであります。その上われわれ人間の心は、動揺常なきものだからであります。そこで信とは、そうした見えない、しかも動揺常なき相手の心に対して、自己を賭けるという処がなくては、「信」とはいえないのではないかと思うのであります。

では更に一歩をすすめて、そのように相手をして自己を賭けさすためには、われわれとして大事なことは何かというと、結局それは「誠実」、すなわち、ありのままの自己を、相手の前に投げ出す事ではないかと思うのであります。言いかえれば、それは常に相手に対して、自己の一切を包み隠さず曝《さら》け出すこと、ではないかと思うのであります。かくしてわたくしたちは、必ずしも、相手が理想的な人間だから愛するというのではなくて、ただ、相手が自分に対してつねに素裸になって対してくれるから、自分もまた自己の一切を投げ出して、それに応えねばならぬわけでありまして、結局夫婦というものは、このように互いに相手のために、身・心ともに自己を捧げ合う人間関係だといってもよいでしょう。

ところが、考察がこの地点まで達しますと、妙なものでありまして、人間というものは、あまりに隙間のない人は、たとえどんなにリッパに見えても、心から好きになるとは限らないようであります。それは何故かと申しますと、そういう人は相手に対して、素裸の自分というものを、見せないようにしているからであります。それどころか、元来すべてを見通し給うはずの神すらも、自分の前に素裸になる人間を喜び給うようであります。ましていわんや、われわれ人間においてをやであります。

かくして真の夫婦というものは、お互いに相手の不完全なこと、否、欠点さえもよく知り合っていながら、しかもそれを包み隠そうとしない処に、相互の信頼が成り立つと言ってよいでしょう。否、それればかりか、互いの不完全なことをいたわり合って、この波瀾に満ちた人生の大海を、互いに手を取り合って渡っていくところに、この現実界における真の夫婦の相《すがた》があるといってもよいでしょう。

第一六講——女性と男性

爽やかな秋である。道服姿の名児耶先生は、今日も校長先生のご案内でお越しになる。やがて壇上に上られて一礼の後、今日のテーマと、次のような八木重吉の詩をお書きになった。

(1) 春

八木　重吉

原へ　ねころがり
なんにもない　空を見ていた

(2) 桜

綺麗な　桜の花を　みていると
その　ひとすじの　気持ちに打たれる

(3) 石

ながい間　からだが悪るく
うつむいて　歩いてきたら
夕陽につつまれた　ひとつの小石がころがっていた

(4) 神の道

自分が
この着物さえも　脱いで
乞食のように　なって
神の道に　したがわなくてもよいのか
かんがえの末は　必ず　ここへくる

(1)の詩なんか、詩とはいえないんじゃないか——と思われる人もおありでしょう。それならそれで、一こう構いませんが、ただ、そのころ重吉は、不治といわれた肺結核にかかり、貧しい高校の教師の身で、妻子を養ってゆかねばならぬ運命が、この詩の背景にあるわけです。それを考えますと、この詩の味わいも多少違って来ましょう。

(2)の「桜」の詩は、これに似通った詩が、重吉には他にもたくさんあるようです。つまり、自分が貧乏ぐらしの中から、一心に生きようとしているために、しぜんとこうした詩が生まれてくるのでしょう。

(3)の「石」という詩、これも考えようによっては、この小石が重吉の運命の象徴とも見えましょう。またそうだからこそ、この小さな路上の小石も、重吉の眼に止まったのでしょう。

(4)の「神の道」という詩は、たくさんある重吉の詩のうちでも、一度読んだら何人の心にも忘れられぬ、深い印象を残すといえましょう。実さい八木重吉という詩人は、こういう詩人であって、そこが没後すでに五十年にもなる現在でも、心ある人びとが、この八木重吉という詩人のことが忘れられないゆえんでしょう。

さて前回は、「夫婦の愛情」という角度から、夫婦関係に対して、多少立ち入ったお話をいたしましたが、実さい夫婦と親子は、一切の人間関係の中でも、一ばん根本となるものだけに、そこには非常にデリケートなものがあるわけで、なかんづく夫婦関係というものは、じつに微妙であり、また複雑なものだと申せましょう。

それというのも、親子関係というものは、生んで育てた者と、生んでもらって育てられた者という関係であって、そこにはどうしても、切っても切れない深い生命のつながりがあるわけであります。ところが夫婦という関係は、一方からは親にも見せないような全裸の姿を曝し合う間でありながら、他の面からは、いわゆる「合わせものは離れもの」という一面がありまして、油断をすればお互いに離れる危険性があるわけであります。しかもその場合、双方ともに別れることに全く異存がなければ、まだ始末がつきやすいわけですが、時には一方はまだ未練がありながら、他方がどうにも我慢がならぬという場合も、現実には決して少なくないのでありまして、こうした場合には夫婦というものは、親子の関係よりもはるかにもろいとも言えるわけであります。それゆえ夫婦関係においては、当事者は双方ともに常にあぐらをかくことなく、つねに心を引きしめて、お互いに努力することが肝要であって、その点とくに女性のほうにその必要があると思うのであります。

では、本日「女性と男性」というテーマを掲げたのは、一体どの様なことをお話しようというのでしょうか。それは申すまでもないことながら、男女といっても共に人間ですから、ちょっと考えますと、その間何ら相違がないように思われがちですが、しかし実際にはどうしてどうして、そう簡単に割り切るわけにはいかないと思うのであります。そしてこの点については、恋愛の場合なら勿論ですが、たとえ恋愛でなくても、結婚前の交際などでは、とうてい分らない深いデリケートなものがあるわけです。

実際わかい未婚の人びとは、最初のうちは男女というものは、なるほどその身体的構造の上には相違があるとしても、人間心理とか、感情という面においては、そんなに大きな相違があろうなどとは、考えていない人が少なくないらしいのであります。そしてそのために、結婚して夫婦生活に入ってから、しだいに双方の考え方の上に喰い違いが生じて、相互の間に理解の得られない場合が多くなっても、それはたまたま運が悪くて、分らず屋の男と結婚したせいだろうと考え、もともと男女というものは、その心の根底において、たがいに相互理解というものが如何に困難かということを、ハッキリとつかんでいる人は、案外少ないのではないかと思うのであります。そしてこの点こそわたくしは、結婚生活をめぐって、男女間の幾多の悲劇的な葛藤の生じる、最も根本的な原因と考えるのであります。そしてこのような、男女間における相互理解の困難さについて、わたくしは時どき、次のようなたとえによって説明するのであります。それは男女というものは、いわば二つの円がほぼ半分くらい重なり合った、二つの円のようなものだといって、それを図に描いて説明するのであります。ですから、男女がお互いに相手を理解できると思うのは、二つの円の重なり合っている部分だけのことでありまして、そうでない他の部分は、男・女いずれの側からしても、相手の理解ができにくい部分だと申してよいでしょう。そしてそれは、前にも申すように、恋愛関係にある人びとはもちろんのこと、そうでなくても、ふつうの交際では分りっこないのであります。それというのも、その程度の交際というものは、結局二つの円の重なり合っている部分でしか交際していないからであります。

こういうわけで、男女間でその相互理解の困難さを感じるようになるのは、多くは結婚後しばらくたってからだと言ってよいでしょう。ところがそこまで来ても、まだ大ていの人が、それは自分の結婚した相手が、頑固だとか分らず屋だからというくらいにしか考えないで、一般に男女というものは、相手方の心理を全部理解するということは、根本的には不可能だということを知っている人は、きわめて少ないといってよいでしょう。そしてそこからして、先ほども申したように、男・女間の悲劇が生じるわけであります。随《したが》ってわたくしとしては、あなた方に対して、この点については、特に申し上げずにはいられないのであります。しかし同時にまた、どんなにわたくしがお話してみても、はたしてどの程度あなた方に分って頂けるかどうかということになると、まったく自信はもてないわけであります。

では何故このように、男女間の相互理解は困難なのでしょうか。それは一体どうして生じるのでしょうか。この点については、わたくしは次のように考えているのでありまして、それは要するに、造物主から賦与せられた男女の生物的基盤から生じると思うのであります。そしてそれは、さしあたり男性の任務は、世の中へ出て働き、そして妻子を養う資を獲得するということであり、また女性のほうは家にあって、二人の間に生まれた幼いいのちをはぐくみ育てるという任務の、相違からくると思うのであります。

しかし、単にこの程度の事でしたら、何もわざわざわたくしなどが申さなくても、一おうの事は、皆さん方自身としても肯《うなず》かれることでしょう。ところが、ひとたび実際の結婚生活に入ったとなりますと、女というものは、夫の関心のすべてを、家庭に集中させたくなるのであります。ところが夫としては、そういうわけにはいかず、自分の任務である勤め先の仕事が、大きくその心を占めるわけであります。そしてこのような点が、ともすれば夫婦間がしっくりいかないといわれる、大きな原因となりがちであります。ところがこの点について、今少しハッキリ申しますと、そもそも男性というものは、その関心が仕事と妻という二つに分裂する運命を免れ得ないわけですが、妻としてはその点がどうも物足りなくてならぬわけで、何とかして夫の関心のすべてを、わが家に集中させたいと思うのであります。そしてそれを最後は、自分に向けさせようとするわけであります。ところが、男としてはその根本的な任務の上からして、そういうわけにはいかないのでありまして、そこに夫婦間の見えない深刻なあつれきを生じる深淵があると申してよいでしょう。

しかしながら、この点はウラ返して申せば、実は女性の側にもないわけではないでしょう。では、それはどういう事かと申しますと、女性は子どもを生むまでは、そのすべての関心は夫に向けられていますが、一たん子どもが生まれますと、その関心は子どもの方へつよく傾斜するのでありまして、その点からいえば、確かに面白くなくなるわけであります。ただそれが、それほど深刻になる場合が少ないのは、男の場合には家庭とは全然別の場処に、その重大な関心の的としての仕事があって、家庭とは完全に分離しているからであります。ところが女性の方には、夫へとわが子へという関心の分裂は起こっても、とにかく一おう共に家庭内のことでありますから、そこから生じる矛盾と相克は、ふつうにはそれほど深刻にはならずに済むわけであります。

以上男女というものは、お互いに相手の心理を、十分には理解し得ないといわれる原因を追求して、結局、男性というものは、とかく「仕事の鬼」となりやすく、また女性のほうは、わが子への溺愛と埋没に陥《おちい》りやすいという点から考えてみた次第ですが、しかしこの程度の説明では、いわば二つの中心点をもつ楕円を描いて見たという程度でありまして、まだ一般的かつ抽象的な説明に過ぎないのであります。

ところが、実際生活における男女の心理というものは、そうした単なる図式や模式などですむ事柄ではないのであります。それというのも、男・女というものは、二つの中心をもつ楕円ではなくて、それは自分の中に中心をもつ二つの円が、それぞれ半分ずつ重なり合ってはいるが、完全には重ならない二つの円みたいに、男・女はそれぞれの円の中心に座を占めているわけであります。同時にそこからして、唯今も申すように、男女というものは、それぞれ半分ずつしか重なり合わない二つの円みたいなものでありまして、なるほどお互いに重なり合っている部分は、一おう話はよく通じ合うわけですが、残りの半分は重なり合っていないために、男女（夫婦）は、お互いにその背後に、理解しにくい半面を残しているわけであります。ですから男女（夫婦）というものは、本来そういうものだということが分っていませんと、その点が悲劇の原因となるわけであります。しかも結婚前はもとより、たとえ結婚後といえども、こうした程度の事柄さえ、十分に理解している人は意外に少ないのではないかと思う場合が少なくないのであります。

そうした意味からしてわたくしは、最後にもう一つ男女の性質の根本的な相違について申して置きたいと思います。それは何かと申しますと、造物主は雄にはできるだけ多くの子を生ませる様に雄をつくりますが、これに対して雌のほうには、わが子の父親たる雄を手放さないように――そうしないと、せっかく生んだわが子を育てることが出来なくなりますので――ということが、造物主が生物界に雌・雄の別をつくった際の根本原則でありまして、それをもし人間に当てはまるコトバで申すとすれば、雄のほうは「一夫多妻」型に、そして雌のほうは「一夫一婦」型に造られているのであります。

ところで、わたくしたち人間も、一面からは生物の一種に過ぎませんので、男性の内部には雄のもっている性質、すなわち一夫多妻的な欲求が残存しているのであります。そしてそれが男女夫婦の関係を紛糾させる、最も大きい原因となっているわけであります。すなわち、男の中に残存している雄としての一夫多妻的な傾向は、いわゆる「浮気ごころ」というものとなって、ともすれば妻以外の女性に、心を向けたがる傾向があるわけであります。そしてこの点が、夫婦間の問題を深刻なものにする、最深の原因といってよいでしょう。

それゆえ、心ふかい男性は、内にはそうした傾向を持ちながら、つねに理性によってそれを制御し克服しているのであります。しかし最後に、もう一つ大事なことを申して置きたいと思うのは、男というものは、たとえ他の女性に対して、浮気心を起こすことはあっても、その女性と自分の妻とを取り替えようとは、よほどの事がない限り、しないものだということであります。しかしこの点について現在のあなた方に、これ以上立ち入って申す必要はないと思いますので、さしひかえることにいたしますが、もしこの点について知りたいと思う人があったら、そういう人は、次の小説をお読みになるが良いと思います。そしてこの小説は、将来あなた方が結婚後、万一ご主人が浮気をされた際には、ゼヒ読み直して下さい。そうすれば、たった一冊のこの書物が、あるいは「離婚」という、人生最深の悲劇からあなた方を救うかとも思うのであります。

「泥にまみれて」　　石川　達三著　（新潮文庫）

第一七講——育児と家計

今日も名児耶先生は、校長先生のご案内でご入場になり、おもむろに壇上にあがられ、一礼の後、今日のテーマと共に、次のような八木重吉の詩を書かれた。

(1)　障　子　　　　　　八木　重吉

あかるい秋が　やってきた
しずかな　障子のそばへ　すりよって
おとなしい　子供のように
じっと　あたりのけはいを
たのしんでいたい

(2)　雨

窓をあけて　雨をみていると
なんにも　要らないから
こうして　おだやかなきもちで
いたいとおもう

(3)　くろずんだ木

くろずんだ木を　みあげると
むこうでは　わたしをみおろしている
おまえは　また懐手しているのかと
いってみおろしている

(4)　夕　焼

あの　夕焼のしたに
妻や　桃子たちも　待っているだろうと
明るんだ道を　たのしく帰ってきた

今日も比較的短い詩を、四つご紹介するわけですが、これらの短い詩によっても、八木重吉という詩人が、どんな詩人だったかということの、一端はお分りになりましょう。

(1)の「障子」という詩、これはわたくしの好きな詩の一つですが、何という幽かな心境でしょう。また何という慎ましやかな人柄でしょう。ことし一年間、わたくしが講話に入る前にご紹介する詩として、八木重吉の詩を選んだのも、実はあなた方わかい女の方には、どの詩人が一番相応しいかと、考えた末のことです。

(2)の「雨」という詩も、(1)と似た心境を詠んだものといえましょう。実さい静かに音もなく降り注ぐ雨を、ひとりで聞き入っている重吉の姿が想像できるようです。しかし

(3)の「くろずんだ木」という詩は、以上二つの詩とは、少し趣の変った詩ですね。ある力強さがあると共に、何か一種不気味なところのある詩ですね。

(4)そこへ来ると、「夕焼」という詩は、明るくて楽しい詩ですね。しかしそれでいて、何とはなしに、一種のそこはかとない寂寥感がウラづけているのは、ヤハリわずか三十歳の若さで亡くなったこの詩人の、果《は》かない運命を思うからでしょうか。

前回には、「女性と男性」というテーマでお話いたしましたが、その主眼となったのは、男女というものは、普通には何ら問題なく、相互に理解し合っているように考えられていますが、しかしそれは、一般に結婚しない男女が、そう考えているだけであって、男女というものは、いかに双方が理解し合っているように見えていても、一たん結婚して、ある程度の期間がたちますと、必ず双方共に、「これまではあんなによく自分のいうことを分っていてくれたと思うのに、どうして近ごろはこんなになったのだろ

う」――と、双方共に不満に思うようになるのであります。そしてそれには、そもそも男女という関係は、生命を生む真の根源となるわけですから、随《したが》って男女というものは、お互いにそのいのちの根底は、まるで底なしの深淵みたいなものにつながっているのであります。すなわち男女というものは、お互いに完全な理解のできないように、いわば造物主によって造られているともいえるわけであります。

　ということは、これを別の面から申しますと、男性と女性は、それぞれ違った任務を果たすように、造物主から造られているのでありまして、すなわち男性は、広い世間に出て、社会的な仕事の一部を分担するに反して、女性のほうは、家庭にあって子女をはぐくみ育てるのがその本分であって、これらは共に、それぞれ造物主から命じられた仕事の分担なのであります。

　このように申しますと、皆さん方は、「どうも先生の考え方は旧《ふる》い」といわれるかも知れません。しかしその点は将来皆さん方が結婚されますと、しぜんにお分りになると思うのであります。わたくしがこの様に申しますのは、将来あなた方が結婚されれば、大なり小なりすべての人が、わたくしの申すような経験をされるわけですが、その時、今わたくしの申しているような事柄について、多少とも心得ていられますと、「離婚」というような人生最深の「悲劇」を免がれ得るでしょう。ついでながら、「離婚」ということは、唯今も申すように人生における最深の悲劇の一つといってよいでしょうが、しかし離婚の際、男女のうちどちらがより深い被害を受けるかというと、それは申すまでもなく女性の側だといってよいでしょう。たとえば、二人の間に子どもが無くてさえ、男子と女子とでは、再婚への困難さは決して同じでないことは、皆さん方にもお分りでしょう。いわんや夫婦の間に子どものある場合には、女性のほうは子どもを連れて別れれば、それはそれで困りますし、また子どもを男の方にわたして別れたとしても、なるほどそれによって再婚にはつごうが良いとしても、そこは女性ですから男性と違って、つねに根深い母性本能のために、終生その心の痛手の消える時はないのであります。しかし「離婚」によって、女性以上に深刻な被害をこうむるのは、実は子どもたちだということは、現在まだ未婚の身とはいえ、女性のあなた方は深く心に刻んでおいて頂きたいのであります。

こういうわけですから、皆さん方は、たんに法律的な立場からの「男女同権論」によって、男女すべてが同じだというような形式的な考えで、簡単に頭だけで割り切らないで、一つの処断から次つぎに生じてくる冷厳な事実の連鎖や継起への深い洞察を怠ってはなるまいと思うのであります。そしてこのような事こそ、真に「聡明」というのでしょうが、しかもこうしたことは、いわゆる「学歴」などというものとは、ほとんど無関係と申してよいようです。

ここにおいてかわたくしは、前回初めのほうで申したかと思いますが、われわれは㈠たんに相手を愛するというだけでなくて、㈡さらに、相手のために自己のすべてを捧げることが大切だと思うのであります。先ほどわたくしが、夫婦間においては、一方があぐらをかいていてはいけないと申したのも、実はこうした事を言いたかったからであります。

では一歩をすすめて、相手方に自己を捧げるとは、一体どのようなことを言うのでしょうか。それには先ず心の側と体の側とに分けて考えることが出来ましょう。そのうち心を捧げるということについては、すでに前回において申したつもりであります。すなわち、自分の一切を相手の前にさし出すと共に、それによって相手に対して、全的信頼をかけるということでしょう。

しかしながら、女性が自己を捧げるということは、それだけではまだ十分ではないのでありまして、その上さらに日々の生活において、妻としてまた主婦として為すべき任務を、遺漏なく勤めるということが大事なわけであります。もしそうで無かったとしたら、それは自己を捧げるといっても、まだ観念的なものでしかないわけで、世間に広く行なわれている女性論には、とかくそうした程度のものが多いようですが、しかしわたくしは、それだけでは不十分だと思うのであります。すなわち単に観念的なキレイゴトだけで済ましていないで、日々の現実生活の上に確かな足どりを以って、歩み出さねばならぬのであります。

ではそうした立場から、妻として第一に大事なことは何かと問われたとしたら、わたくしは、やはり育児と料理と家計とを挙げたいと思います。それというのも、育児ということは夫婦にとって、一ばん大事な子どものいのちを育て、かつしつけることだからであります。実際、一軒の家で何が一ばん大事かといっても、子どもほど大事なものは無いわけであります。何となれば、それは夫婦という二人の生命をついで、次の世代に生きつづけるものだからであります。つまり、子どもというものは、一口にいえば親の生命の延長だからであります。ところで、育児というのは、子どもがまだ小さくて、かりに植物にたとえたとしたら、まだホンの芽生えの時期ですから、その取り扱いには特にふかい心づかいが必要なわけであります。近ごろでは小児科医学も進歩しましたので、小児の死亡率は以前とくらべて激減したようですが、しかしそうはいっても、現在でも決して油断は出来ないのであります。それというのも、子どもが少し大きくなっていれば、どこが痛いということなど、子ども自身が訴えますが、育児期の子どもというものは、自分で自分の症状を訴えることができないのであります。そしてそこが育児における最も困難な点といってよいでしょう。ということは、育児期の母親は、まだ物の言えない小さなわが子の身心の模様を、日夜目を放さずに観察して、その訴えを察知しなければならぬからであります。随って小児期のわが子を抱えている母親は、夜もオチオチ眠れないほどだといってもよいのであります。それというのも、唯今も申すように、嬰児自身は、自分の症状を訴えられないばかりか、さらに小児の特徴の一つとして、その症状がとかく急変しやすいのでありまして、この点が大人はもちろん、幼稚園や小学校へ通うようになった子どもとは、その心づかいの上に根本的なひらきがあるわけであります。

　こうした育児に引きつづいて、かなり永い期間にわたるわが子の栄養や保健に対する責任は、まったく母親の責任であります。ところが広い世間には、終日外へ出て働いて帰った父親のほうが、わが子の病気に対して心を遣うというような家庭も、時には無いともいえないようであります。つまり母親のほうが、それだけぼんやりしているわけでありまして、まったくお話にもならぬわけであります。そしてそれと相似たもう一つの例としては、赤ん坊が夜中に泣いても、母親の方はだらしなく眠っていて起きないために、終日働いて帰った父親の方が眼を覚まして、おしめの取り替えをしてやる家庭も、時にはないとはいえないらしく、まったく言語道断という外ない有様です。とかく、人間が大人になってからの体力の基礎は、その大方が、嬰児から幼児の時期に、八割方は決定せられるといって良いわけですから、母親たるものは、わが子の健康については、特に深い留意が必要であります。

では、育児について何が大事かと申しますと、わたくしは料理及び家計かと思いますが、そのうち料理については、次回に改めてお話したいと思いますので、ここには家計の問題について申してみたいと思います。それと申しますのも、お互い人間というものは、この肉の躰《からだ》をもって生まれてきた以上、どうしても毎日食事を欠くわけに参りませんし、またこの躰あるが故に着物も着なければならず、さらに夜になれば寝る場処までも必要なわけであります。しかもそれらの物のすべてが、お金と無関係というわけにいかないのであります。もっともそうした点ではわたくしなどは、独り身で系累がありませんので、こうしたお招きを頂いては、お布施によってその生活が支えられているわけですが、しかしそれでもこうして生きている以上、お金と全く無縁ということは許されないのであります。いわんや皆さん方のご両親ともなれば、あなた方を今日まで育ててこられたお心づかいは、物・心共に大へんな事だったろうと、お察しするわけであります。

しかし同時にそれは、やがてまた皆さん方自身の将来の運命ともいえるわけであります。そもそも経済生活における男女の分担は、男子は求めてくるほうであるに対して、女性のほうはそれを如何に節約して、有効に生かすかということでしょう。しかも世の中というものは、いつどのようなことが起こらぬとも限りませんから、それに対して、つねにある程度の備えが必要であります。そうした点では、わたくしがまだ子どものころに聞かされた「キリギリスとあり」の話などは、今日考えましても、依然として変らぬ真理をもっていると思うのであります。つまり夏の暑い日盛りに、営々として食物をはこんでいたありに向かって、キリギリスが馬鹿な奴だとあざ笑ったというのです。するとそれを聞いたありは、冬になったら今自分たちのしている事の意味が分るだろうと答えたというのです。ところが、やがて冬になりますと、キリギリスのほうは、尾羽打ち枯らして、ありに食物の無心をしたという話であります。すなわち、人間というものは、出来るだけ将来を見通し、それに対してあらかじめ備えるところが無くてはならぬというわけであります。

ところで、これとの関連において今一つ大事なことは、夫から俸給袋を渡される妻は、わが家の家計のうち、その支出については、全責任を負わねばならぬわけでありまして、かりにそれに対して十分な責任が負えぬというのでしたら——そういう女性も稀には無いわけでもないらしいですが——そういう女の人は、日々の経常費だけを夫から貰うことにして、将来に対する経済的な備えの責任は、ご主人に持って頂く他ないでしょう。（一同笑う）しかしそれでは、もはや完全に主婦としての資格を喪失したものと言ってよいでしょう。

それからもう一つ。それは妻たるものの当然の責任として、必ず「家計簿」をつけねばならぬということです。わたくしが以前教えた人で、不幸にも夫を亡くして、女手一つで五人ものわが子をリッパに育てた女《ひと》がありますが、ある時わたくしが、その女《ひと》にその苦心談を尋ねたところ、その女《ひと》のいうには「それは先生!! わたくしは世帯をもって以来、一日として家計簿をつけなかったことはありませんが、まったくそのおかげです」といわれまして、深い感銘を受けて、今なお忘れ難いのであります。随って「家計簿」をつけるということは、妻たり主婦たる人の、真っ先に守らねばならぬ根本的な義務と思うのであります。それというのも、経済というものは、丁度水のようなものでありまして、収入が多くなればそれに応じて、支出もまた多くなりがちなものであります。ですから、そうした意味からは、われわれ人間は生きているかぎり、経済に対して手放しでいられるということは、よほど例外的な場合以外には無いと考えてよいでしょう。

そこで最後に、家計を引きしめる上で、大切と思われる事柄を二、三申し添えることにいたしましょう。それは ㈠「入《い》るを計って出《い》ずるを制する」ということでありまして、これは経済上永遠不動の鉄則といってよいでしょう。次には ㈡いかに安いからといって、当分不用の品は買わぬということ、㈢同時に、買う以上は、自分の身分より多少良いと思われる品を求めて、大切にして永く愛用すること、㈣なお予定しなかった品物で、ある金額以上の品物については、必ずその場で買わずに、その日は一たん家へ帰って、それでも尚どうしてもあきらめかねる様な場合には、財布と相談の上で、翌日もう一度出かけて行って買う様にすること。この方が、たとえ交通費は使っても、結局は経済的になりましょう。最後に ㈤大きなお札をくずすのを、一日でもよいから先へ延ばすことです。（一同大笑）とにかく、以上の五カ条をよく守られたら、たとえご主人の俸給が十分でないとしても、とにかく金に困るということだけは、終生なくてすみましょう。

第一八講——料理　その他

今日も名児耶先生には、道服姿でお見えになり、校長先生のご案内でご入室。やがて、おもむろに壇上に立たれて一礼の後、今日のテーマと、八木重吉の次のような詩をお書きになった。

(1)　ひかる人
　　　　　　　　　八木　重吉

私《わたし》を　ぬぐらせてしまい
そこのとこへ
ひかるような人を　たたせたい

(2)　故　郷

心の　くらい日に
ふるさとは　祭のように
あかるんで　おもわれる

(3)　響

秋は　あかるく　なりきった
この　明るさの　奥に
しずかな　響があるように　おもわれる

(4)　お　銭《あし》

さびしいから
お銭を　いじくってる

(1)の「ひかる人」という詩は、数ある重吉の詩の中でも、特にわたくしの好きな詩——というよりも、頭の下がる詩です。それというのも、重吉はその深い宗教的内省によって、自分という人間がいかに醜いか、ということを知っていたので、そうした醜い自分の姿を消してしまって、その代りに、「光り輝くような人」に立ってもらいたいと、心から思ったのでしょう。そしてその「人」とは、暗にキリストのことを考えていたのではないかと思われます。

(2)の「ふるさと」という詩は、たんに自分の故里を詠んだ詩のように思われますが、——そして確かにそれに違いないわけですが、しかしそこには、前の(1)の詩とどこか相通じるものがあると思われます。つまり自分の暗さとの対比において、故里の祭の明るさを想うているからです。

(3)の「響」という詩も、ちょっと見たところでは、明るさを詠んだ詩のようですが、しかしその明るさは、平板な表面的なものではなくて、内に巨大な生命の激しさを内蔵していることが、お分りになりましょう。

ところが、以上三つの詩から、(4)の「お銭」という詩へくると、急に世界が違ってきましょう。しかしそれでいて、わたくしには、この詩もまた以上三つの、いわば宗教的な世界を詠んだ詩と、必ずしも無縁ではないと思われます。というのも、そこには貧しさからくるその寂寥感と共に、それと戯れている——といったら言い過ぎかも知れませんが、それを気にしない心境の一端が窺われるからです。

さて前回には、わたくしは、「育児と家計」というテーマで、これら二つの事柄は、妻としてまた母親として、それぞれ非常に重要な問題だということをお話いたしましたが、これら二つの事柄については、もともと女性としての本性からして、普通の人なら一おうはだれでも、心得ているはずだと思うのです。ところが、中には女性でありながら、時どきこの二つの事柄について、ご主人よりも劣るような人が、時に無いでもないようであります。それは丁度男の中にも、時どき女の人以上に料理が上手だという人

が、いるようなものであります。（一同笑う）

ところで、そうした経済のへたな女の人は、ご主人から月々の経常費だけをもらうことにして、貯蓄とか将来の財産づくりなどについては、キッパリとご主人に一任されるほうが賢明かと思うのですが、いかがでしょう。（一同笑う）皆さん方は笑われますが、わたくしは、そうした家計に不得手な女性は、そうされるのが当然であり、また賢明だと思うのであります。このように申しますと、皆さん方の多くは不思議に思われるようですが、実はご主人が独立して事業などされているお家では、すべてこうなっているのであります。すなわち奥さんは、毎月の経常費をご主人からもらうわけで、その点俸給生活者の奥さんと大して違わないのであります。

それから、もう一つ大事なことを、この前申し忘れましたが、それはどんなに困る場合でも、主人に内緒で、他から金の融通を受けてはならぬということでありまして、万一この禁を犯したとしたら、早いか遅いか必ずや身の破滅になるということを、この際とくに申し上げておく次第です。とくに市内や新聞の広告欄などで、「信用貸」とか「サラリーマン・ローン」、ないしは「無担保金融」などという種類の広告を出しているのは、ほとんど全部が一種の高利貸と考えてよいのですから、万が一にもこうした高利の金の融通を受けたが最後、ひとり自分一身の破滅だけに留まらず、そのために全家族が奈落の底に落ち込みますから、いかなる事があっても、絶対にこの種の魔手にかからぬよう、くれぐれも用心が大切であります。

お金に関した話のついでに、もう一つ念のために申しておきましょう。それはお金の「貸借」という事柄に関する注意です。それを結論から申せば、原則としては、「いかに親しい間柄といえども、お金の貸借は一切しないがよい」というのが、多くの人びとの永い間の経験からの帰結のようであります。そしてそれは結局、ひとり金が返らぬばかりか、友情までも失うことになるというのです。それ故どうしても断わるわけにいかない場合には、むしろ先方の申し出の金額の何分の一かを、貸すんでなくてさし上げることにした方が、かえって後腐れがなくてよいというのが、これまた古来心ある人びとの期せずして一致した真理のようであります。わたくし自身には大して経験があるわけではありませんが、しかしこの考えには全幅の賛意を表するしだいです。同時に、これによっても皆さん方は、将来いかなる事が起ころうとも、他人《ひと》から金を借りねばならぬというようなことの、金輪際《こんりんざい》無いようにして頂きたいと思います。しかしそれには常にその心がけをして、用意を怠らぬ心がけが大切であります。

ではお金に関する問題は、この程度で打ち切ることにして、今日取り上げたいと思うのは、題目にも掲げたように、料理の問題であります。ところで、料理の話に入るにあたり、最初に申して置きたいと思うのは、むかしの女のたしなみとしては、裁縫が第一に挙げられ、次いで料理だったのであります。むかしの人が「針の道」とか「針のたしなみ」と申したのは、申すまでもなく裁縫の事だったのです。ところが今日では、女のたしなみとしての裁縫と料理という二つは、その順序がまったく逆転したといってよく、裁縫の地位は料理とくらべて、はるかに下りつつあるといってよいでしょう。

では、どうしてそんなに変ったかと申しますと、それは以前女のたしなみとされた裁縫のうち、最高は何かというと、それは「男の袴が縫える」ということだったのであります。ところが現在では、男子の礼服はほとんど洋服になって、袴をはくという場合はメッタになく、かりにあったとしても、それは以前にあったのを穿《は》く程度で、新たに袴をつくらせて穿くという人は、特殊の人以外にはほとんど無いといってもよいでしょう。このように一般に礼服が洋服になってしまった今日、礼服はもちろん、ふだんの日常服さえ、すべて専門の洋服屋に注文するようになったのであります。否、それすらも近ごろでは、既製品を手直ししてすますという人が多くなりつつあるようであります。

では、婦人のほうはどうかと申しますと、婦人のほうもその日常服は、ご存じのように大たい洋服が多くなったのでありまして、それらの多くも、やはり専門の洋服屋の手に成る場合が多いといえましょう。しかし女性の場合には、礼服のほうはまだ男子とくらべれば、和服のほうが多いといえましょう。しかしその場合でも、これを自分で作るという人はきわめて少なく、ほとんどが専門家まかせになって来たわけですが、要するにそれは世の中の分業化が進んだせいと見てよいでしょう。そこでこうなりますと、これまで女性のたしなみとして必要とせられた裁縫も、せいぜいわが子に着せる、ふだん着の洋服がひと通りできれば、それで一おう十分だということになって来たのであります。

ところが、それに対して料理のほうはどうかと申しますと、少なくとも毎日の日常食に関する限り、その重要さ加減は、以前とくらべて、ほとんど変りがないといってよいでしょう。つまり裁縫の場合のように、専門家の手に移ったという事が、ほとんど無いといってよいのであります。もっともこう言えば、人々の中には、しかしむかしは婚礼とかお祭り、あるいは法事などの際のご馳走は、近ごろのように専門の仕出し屋などにたのまないで、各自の家で作ったものだという人もあろうかと思いますが、たしかにそういう一面がありはしましたが、しかしそういう場合、家で料理をつくる際には、多くはその部落でも料理上手といわれる男の人が中心となって、采配《さいはい》をふるったものでありまして、決してその家の主婦だけでしたのではありません。ですから、以前女の人の料理の腕前が発揮せられるのは、ごく少人数の来客の際に、食事を出すような場合だったといってよいでしょう。

ところが、現在ではどうかと申しますと、そのような臨時の来客に対して料理を出すばかりでなく、平生の毎日の食事が、以前にくらべますと、栄養その他の点で内容がひじょうに豊富になって来ましたから、主婦に料理のたしなみが有ると無いとでは、その家の家族のこうむる影響は、ひじょうに大きくなって来たのであります。ところが、一般にこうした点の変化に対する女の人びとの認識が、どうも遅れているのではないかと思うのであります。少なくとも、以前に裁縫のために割いたほどの精力が、今日料理のために割かれているとは、思えないのであります。ですから今後はあなた方も、この点に対する自覚を深めて、大いに料理の研究をして戴きたいと思うわけです。

わたくし何時も考えることですが、現在女性が主人をはじめわが子に対する愛情の程度は、その女《ひと》が、日々の惣菜料理に対して、どれほど心をこめているか否かによって、計ることが出来るのではないかと思うのであります。すなわちそれによって、ご主人はもとより子どもたちも、「今晩のご馳走は何だろう?」と、心の中で考えながら、楽しみにしてわが家へ帰るようでありたいと思うのであります。そうなりますと、ご主人のほうでも、三度に一度は同僚とのつきあいも、何とか口実をつくって断ってわが家に帰り、奥さんの手料理の腕前を楽しむようになりましょう。そしてご主人が、「どこの料理がうまいといっても、やはりわが家の惣菜料理ほど口に合う料理はない」と独り言されながら、真一文字にわが家へ帰るようにもなるわけで、料理の力は絶大な威力を持つといってよいでしょう。

もっとも料理についても、人によって多少は素質の差がないわけでもない様であります。そしてそういう人の中には、母親からの遺伝だという人が少なくないようでありまして、そういう人は自分が結婚するまでに、母親の料理も、もともと土台がありますから、やがては覚えてしまうわけで、そういう女《ひと》と結婚したご主人は、大した果報者といってよいわけです。

さて、料理については、以上の他にも色いろと申したいことがありまして、それは、料理については、常に次の三つの事柄が大切だということであります。すなわち　㈠味と　㈡栄養と　㈢経済という三つでありまして、それらのうちのどの一つが欠けても、料理としては合格とはいえないのであります。同時にそうした点からいって、この際ゼヒ皆さん方に聞いて頂いて、将来結婚したら必ず実行して頂きたいと思うのは、主食を白米から玄米に切りかえるということでありまして、これは　㈠栄養すなわち健康上はもとより、㈡経済的にも玄米食にしますと、栄養分が多くなるために、肉類などはほとんど欲しくなくなるのでありまして、この点はかくいうわたくし自身が、現在玄米食とみそ汁だけで——但し一食にみそ汁三バイ——毎日暮らしていますから、実験済みというわけであります。そこで最後に残るのは　㈢味の問題ですが、その味わいという点からしても、玄米食というものは少しく食べ馴れて来ますと、何ともいえないこくのある深みのある味わいですから、一たん玄米食に切りかえますと、白米飯はどうしても水っぽくて、まるでおかゆみたいな感じがして食べられなくなります。とにかく、こうして玄米食とみそ汁及び野菜を主とした料理は、いわゆる「自然食」でありまして、われわれ日本人には、もっとも適した「正食」といってよいわけです。しかるにわたくしの見聞の範囲では、ご主人は玄米食にしたいと考えられても、それに踏み切れずにいるのは、主として奥さんが反対なためでありまして、実際一家の料理の責任者であり、かつ家族全体の健康の責任者たる女性が、こういう事では、まったく痛歎の他ないわけです。ですからどうぞ皆さん方は、今のうちから玄米食について研究して、率先してまずわが家から自然食に切りかえて頂きたいと思うわけです。

　さて料理の話が永くなりましたが、一家の主婦としては、料理の他にもまだ色いろと心を配らねばならぬ大事な家事があるわけです。ではどういう事かと申しますと、まず第一はお掃除であります。ところで、掃除については、当然の事ながら、家中の物の整理整頓ということが平行するわけであります。随《したが》って、一歩その家の中へ足を踏み入れれば、その家の主婦たる人のたしなみのほどは、すぐに分るわけであります。さらに応接間や座敷へ通されれば、いよいよそれが確かめられ、そして最後にトイレを拝借でもすれば、それこそ最後のところまで判るのであります。もっとも、こう申してもあなた方の中には、「そんな事なんか、女性の教養とは縁遠い表面的なことでしかない」と考える人もおありでしょう。しかしながら、真の「教養」というものは、こうした日常生活の隅ずみにまで滲透するものでありまして、小説を読んだりピアノは弾けても、トイレはいつ掃除したか分らんというようでは、「真の教養」とはいえないのであります。

　なお掃除や整頓と並んで大切なのはお洗濯でしょう。あるいはこの方が、もっと大事だと考える方もおありでしょう。実さいわが子が幼稚園や学校へ通うようになりますと、服装の清潔ということが、如何に大切かということが分るのであります。いわんや勤めのために、日々職場へ通われるご主人の身につけていられる物は、妻たる女《ひと》のダラシなさというだけに留まらないことを知らねばならぬでしょう。しかるに最近のわかい奥さんたちの中には、ご主人のクツさえ十分に磨かぬ人さえ時にあるというに到っては、また何をかいわんやであります。ハンケチなどというものは、毎日取り替えねばならぬものだということさえ、知らない女《ひと》があるというに到っては、まったく呆《あき》れ返る他ないのであります。

このように考えて来ますと、時どき耳にする「家にばかりいるのは退屈だから――」などという女《ひと》の気が知れないのであります。それというのも、わが家というものは、たとえ如何にささやかでも、一種の「小宇宙」でありまして、これを十分に充実させ、隅々までそれに秩序を与えるということは、女性にとっては最大の楽しみであるはずであります。ですから、こうした楽しみが真に分ったとしたら、娯楽を外に求めるなどという気には、なれないはずだと思うのであります。

第一九講——読書について

秋天爽やかな日を、名児耶先生には、例により道服姿でご来校になり、校長先生の先導でご入場、やがて壇上にて一礼の後、今日のテーマと、八木重吉の次のような詩をお書きになった。

(1)　天　　　　　　　　八木　重吉

天と　いうのは
あたまの　うえの
みえる　あれだ
神さまが
おいでなさるなら
あすこだ
ほかにはいない

(2)　秋のひかり

ひかりが　こぼれてくる
秋のひかりは　地におちてひろがる
この　ひかりのなかで　遊ぼう

(3)　月

月に　てらされると
ひとりでに
遊びたくなってくる
そっと　涙をながしたり
にこにこ　したりして
おどりたくなる

(4)　ふるさとの川

ふるさとの川よ
ふるさとの川よ
よい音をたてて
ながれているだろう
（母上のしろい足をひたすこともあるだろう）

(1)の「天」という詩も、重吉の宗教詩の一つといってよいでしょう。神は一たい何処にいられるのか、この疑問は、多くの人が一度は心に問いかける問いでしょうが、それに対して重吉は、神のいられるのは、われわれの日々仰いでいる、あの大空だと答えているわけです。こういうと、皆さん方は、たぶん頭をかしげられることでしょう。そして、そういうている重吉の信仰なんて、実に素朴なものだと思われることでしょう。しかし、真に生きた信仰というものは、実はこうした素朴な信仰なのでしょう。

そこで(2)の「秋のひかり」という詩ですが、この詩もまた重吉の信仰を詠んだ詩の一つといってよいでしょう。貧しくて、不治の病に犯されている重吉が、よく晴れた秋天の光を浴びながら、ひとりで「遊ぼう」という気になるのも、根本において神を信じているからでしょう。随《したが》って、重吉にとっては、この場合秋の光は、そのまま「神の光」でもあるのでしょう。

そして、同様のことは、また(3)の「月」という詩についても言えましょう。すなわち、この場合重吉にとっては、月光がそのまま、「神の光」として感じられたのでしょう。では、どうしてそういえるかと申しますと、その光の中で「おどりたくなる」といっていることによって分るわけです。つまり人間は、宗教的法悦に浸されると、踊りたくなる場合があるからです。げんに天理教の「御神楽歌」などは、その典型的なものといってよいでしょう。

そして(4)の「ふるさとの川」なども、これら一連の詩をつらぬいて流れている、宗教的ないのちの流れの一つとして見る時、ひとしおの味わいがあるといえましょう。

前回には「料理　その他」と題して、家事について色いろお話いたしました。わかい皆さん方の中には、家事なんてつまらないことで、まったく無価値な事のように考えている人も少なくないかと思いますが、それはとんでもない誤りであります。しかしそれは、皆さん方に、まだ現実の人生というものが、どういうものかということがよく分っていないからであって、一おうムリのないことかとも思われます。しかしながら将来主婦となって、一家の重荷を背負うようになりますと、現在の皆さん方のように、わかい時代に考えていた事が、いかに甘い考えだったかという事がしだいに分ってこられましょう。

それについて、この前「料理」ということで、一つ大事なことを申すのを忘れていましたが、それは「女性にとっては、料理の味が分るのと、世の中の味が分るのとの間には、深い関連がある」ということであります。つまり端的に申しますと、料理の味のよく分る女《ひと》は、一般に聡明な女性が多いということでありまして、これなども、わたくし自身さえ初めて聞いた時は、すぐには肯《うなず》けないほどでした。しかしその後、人生の経験を重ねるに従って、ナルホドと、しだいに深く肯《うなず》けるようになったのであります。それというのも、女性の英知というものは、どこまでも直観的であり具体的であって、一方からはその身体的構造を離れないと共に、他の面では、その家庭を「場」として発揮せられるものだ、ということからくるわけでありまして、深く教えられたのであります。

そこで、今日は題目にも掲げましたが、ひとつ「読書について」お話してみたいと思います。では何ゆえ読書の問題を取り上げるかと申しますと、唯今わたくしの申したような事柄も、実は平生書物をたしなんでいる人でないと、ちょっと分るまいと思うからであります。言いかえますと、あなた方は現在自分が一家の重荷を背負っているわけでもなければ、また人生において家庭というもののもつその深い意味を、噛みしめるのに必要な読書を、していないからだともいえましょう。実さい、一軒の家の家事を美事にとりしきるということが、如何に重大な意味を持つかというようなこと、また唯今申したように、食べ物の味がよく分るということなどが、やがて人間の英知とふかい関連を持つという事などのお

分りにならないのも、無理はないと思うのであります。

そこからして、どういうことが言えるかと申しますと、われわれ人間は人生の経験を重ねるほど、そこにこもっている色いろな深い真理と味わいを嚙みしめるために、どうしても書物を読まねばならぬという事であります。言いかえますと、人間は忙しくなればなるほど、逆に書物を読むように努めないと、そういう人はしだいに世の中から落伍してゆくということであります。この点については、女の人の場合に特にそういう人が多いようですから、皆さん方もそのつもりで、今のうちから大いに読書の習慣を身につけるようにして頂きたいと思います。そこで以下こうした立場から、読書の仕方について、二、三心に浮ぶ事柄をお話してみたいと思います。

そこで、さし当っては、まず生徒として、学校生活をしている現在の問題について申すことにいたしましょう。それには何といっても、まず学校の図書室を利用することが第一でしょう。書物というものは、現在のあなた方にとっては、かなり高価なものですから、特別の書物以外は、ヤハリ学校の図書館を利用するというのが、第一の心がけと言ってよいでしょう。それというのも、たとえ将来あなた方が家を持って、家計を委されるようになりましても、そんなに自由に書物の買えるほどの余裕はないからであります。まして現在のあなた方は、すべてをご両親に負うているわけですから、本といえどもみだりには買わないで、できるだけ学校の図書館を利用する習慣をつけることが大切でしょう。

では、次に大切なことは何かと申しますと、暇があったら出来るだけ多く図書館に出入りして、大たいどの辺にどういう書物があるか、という事の見当がつく様になるということです。でないと、たとえ書物は読むにしても、その人の読書の範囲は狭くて、一部分に片寄るようになりがちであります。そしていつも「現在読んでいる本を読みおわったら、次にはどの本を読むか」ということの大たいの見当を、常につけておく様になったら、生徒としては、一ぱしの読書家といってよいでしょう。

そこで、次にはどういう本を読むかということが問題になるわけですが、それには何といっても第一には、ヤハリ偉人の伝記を読むことをおすすめしたいと思います。もっとも、偉人の伝記といっても、一般に刊行されているのは、ほとんどが男の人の伝記であって、女の人で偉人伝の中に入っているのは、ナイチンゲールとキューリー夫人くらいのものかと思います。そこで、それらの女性の偉人伝を読まれたら、次には男の偉人の伝記も、色いろと読んでみられるが良いと思います。こういうとあなた方の中には不思議に思う人があるかと思いますが、しかしそれは、将来男の子が生まれた際に、大いに役立つからであります。そしてむかしから偉くなった人の中には、その母親がしっかりしていた場合がひじょうに多く、つまり人間としての生き方を、その母親から教わった人が多いのであります。とくに宗教家の場合には、例外がないといってもよいほどです。

では偉人の伝記の次には、一体どういう書物を読んだらよいでしょうか。この辺から人びとの特色が分れるわけですが、わたくしの考えでは、さしあたり西洋の文学史上の名作物語ふうのものを、ひと通り眼を通してゆかれるが良くはないかと思います。というのも、それによって、将来それらのうち、自分の好みに合ったものを全訳で読む手がかりになるからであります。ではその次は何かと聞かれたら、わたくしとしては、日本史関係のもの、及び理科方面で何か面白いものも読んで置かれるが良かろうと思います。ところが、理科方面の事柄を、子ども向きに興味ぶかく書くということは、事柄の性質上容易なことでありません。そこで、この方面での良書というものは、ひじょうに少ないのであります。そこでそうした点からは、ファーブルの「昆虫記」などは、世界的な名著といわれるだけあって、ゼヒ一読しておかれるがよいでしょう。そして娘時代にこういう本を読んでおきますと、将来わが子に対しても、適切な指導ができるようになりましょう。ではその次には、何を読んだらよいかという問題ですが、それにはわたくしは、詩歌、すなわち短歌や俳句や、詩などを読まれたらと思います。それというのも、詩歌というものは、人間の心を浄めるものとして、わたくしは非常に大事なものだと思うのであります。実さい詩や歌などが少しも分らないという人は、その人がどんなに金持ちであろうと、またどんなに高い地位についていようが、人間としてはどうも味わいのない人間が多いと思うのであります。というのも、そういう人は、人情というもののよく分らぬ人といってよいからであります。

ところで、以上申した書物の他にも、もう一つゼヒ読んでおいて頂きたいものがあるのでありまして、それは日本および西洋の、子ども向きの童話でありまして、それは将来あなた方が結婚して、わが子を持ったあかつきには、非常に役立ってくるのであります。というのも、母親がわが子から「お話」をさいそくされ出すまでは、何ひとつ童話の本を読んだことが無いなどということでは、母子共に、これほど悲惨なことはないからであります。そして出来れば、五つくらいの童話は、いつでも本を見ないで、わが子に話してやれるようでありたいと希《ねが》わずにはいられません。

以上わたくしは、皆さん方が現在生徒時代に、一体どういう方面の本を読んだらよいかという事の、ホンのあらましについて申してみたわけですが、それは一口にいったら、学校時代の読書は、なるべく一部分に片寄らないのが、良くはないかと考えるのであります。そこで次には、それでは一たい何時読んだらよいかという問題ですが、それについては、学校から家へ帰って、宿題その他学校の勉強をすました上で、「心安らけく――」というわけです。こう申しますと皆さん方の中には、「しかしそれでは、テレビを見る時間がない」といわれる人もあるかと思いますが、いやしくもいっかどの人間になろうとしたら、そう何時までもテレビなどに引きずられていないで、一日も早く「テレビから読書へ――」と、根本的な切りかえが大切だと思います。同時に、平生のウィークデーには、学校の仕事で一パイで、とても本を読むことはできない――というような人は、せめて土曜の夜から日曜にかけての一時を、心ゆくまで好きな書物に没頭して頂きたいものであります。

同様に、学校時代のもう一つの大事な心がけは、中学の二、三年辺りから高校時代にかけて、夏休みになったら、学校の宿題を、休みの最初の三分の一くらいの内に仕上げてしまって、後は西洋文学の大作と取り組まれるが良いということです。たとえばユーゴーの「レ・ミゼラブル」だとか、ロマン・ローランの「ジャン・クリストフ」だとか、あるいはトルストイの「アンナ・カレニナ」やドストエフスキーの「カラマーゾフの兄弟」というような、世界的な名作を読むがよいでしょう。こうした長篇の大作は、学校時代に読んでおかないと、卒業してからでは、なかなか読めない人が多いからであります。

さて以上は、読書についてとは申しながら、現在の皆さん方を主にしてお話したわけですが、以下は卒業後、とくに家庭をもってからの読書について申してみたいと思います。それについて、真っ先に申したいことは、結婚して一家の重荷を背負うようになりますと、相当な人でもなかなか落ちついては本が読めなくなるようであります。そしてそれもまた当然のことだと思われます。随って、世帯をもってからの読書の心がけとしては、わずかの時間を利用して、極力読書にはげむという事が、大切な心がけとなるわけであります。

ではどういう点に気をつけたらよいかと申しますと、大してまとまった時間をかけなくてもすむような短いものが良いわけで、そういう点からは、短い随筆などがふさわしいわけで、小説とくに長篇の大作は、一家の主婦にとっては、あまり適当な読み物とはいえなくなるのであります。そもそも小説というものは、人心の機微に触れていますので、そういう点からは、すぐれた小説はすぐれた人生教科書ともいえるわけですが、しかし「両方良いことはない」わけで、とかく時間をとり過ぎますから、小説好きの奥さんは、概して家事に手抜かりが多いといってよいでしょう。そこでもし世帯持ちになってからも、小説を読むのでしたら、すぐれた短篇作家——例えばわが国でいえば、井伏鱒二などというような人のものを読むことにしたら、比較的時間を割かれなくてすむといえましょう。

そこでわたくしの考えでは、主婦の書斎としては、お勝手を活用するようでありたい、と考えるのであります。それはホンの二、三分というわずかな時間を利用して、自分の好きな詩人や俳人、または歌人の書物を読まれるのが、望ましいと思います。その点、詩歌や俳句ですと、ホンの二、三分というわずかな時間でも、十分に味わうことができるのであります。その上に、自分の好きな人の作品は、なるべく暗誦できる様にするがよいでしょう。そうしますと、料理の合間々々にも、けっこう一流の詩人の作品を、自由に味わうことができるわけであります。ではそうした詩歌としては、一たいどういう人が良いでしょうか。ご参考までに、わたくしの好みを申してみますと、旧いところでは、やはり芭蕉や良寛及び一茶など、また近ごろの人では、詩人としては坂村真民さんのものや、俳人としては自由律の山頭火などが、わたくしとしては好きですね。しかしこれはわたくし自身の好みに過ぎませんから、あなた方としては、やはり広く色いろな詩人や歌人・俳人の作品をあさって、それらの人びとの中から、一ばん自分の肌に合う人を突き止められるがよいと思います。とにかく読書というものは、「心の食物」ですから、人間も本を読まなくなったら、その人は精神的にはすでに死んだものといってよいでしょう。そしてそれは、もし病人が食物を欲しがらないようになったら、もはや「死期」が近いというのと似ているわけであって、何らの不思議もないわけです。

第二〇講――趣味の問題

名児耶先生は、今日も道服姿でお越しになられた。校長先生の案内でご入場。おもむろに登壇の後、今日のテーマと、八木重吉の次のような詩をお書きになられた。

(1) 無　題　　八木　重吉

ナーニ　死ぬものかと
児の　髪の毛を　なぜてやった

(2) 雨

雨は　土をうるおしてゆく
雨と　いうものの　そばにしゃがんで
雨のすることを　みていたい

(3) 無　題

雪が　ふっているとき
木の　根元をみたら
面白い小人が　ふざけているような気がする

(4) 無　題

神様　あなたに　会いたくなった

いつか一度申したかと思いますが、八木重吉には、生前「秋の瞳」と「貧しき信徒」という二冊の詩集しか出なかったのですが、それは重吉が三十歳のわかさで「昇天」したことを思えば、何ら不思議ではないのであります。

そして今日ここにご紹介する四つの詩で、「貧しき信徒」からのご紹介は終ることになります。そこで、次をどうするかですが、それについては、次回で申し上げることにして、ここでは一おうこれら四つの詩について、一おうのご紹介をすることにいたしましょう。

さて(1)の詩は、「無題」となっていますが、この「無題」という題は、ちょっと適当な題が見当らない場合につけられるようであります。つまりその内容が、あまりにも沈痛切実なために、ピッタリした題が、ちょっと見当たらないというわけで、この場合なども、まさにそういってよいでしょう。同時に、これだけのことを申せば、この詩については、もうこれ以上くだくだしい説明の必要はないでしょう。

次の(2)「雨」という詩ですが、これなども、いかにも重吉らしい詩といえましょう。つまり雨の降る様子を、ひとり静かに観察していたというわけです。そしてここにも、この果《は》かなくも寂しい一生だったこの詩人の、生き方の一端が窺えるといえましょう。

次に(4)ですが、これもまた「無題」となっていましょう。そしてその理由もまた、上に申したのと全く同じでしょう。このような詩に対しては、「無題」とでもつける以外に、どんな題がつけられましょう。もしこの詩に対して重吉が、「無題」でなくて「神」だの「神に会いたい」などという、間の抜けた題でもつけたとしたら、重吉の信仰なんて大したものではないと言ってもよいでしょう。

前回は、「読書」についてお話したのでしたが、しかも現在のあなた方の読書を中心として、お話したのであります。実さい読書というものは、前にも申したようにわれわれ人間にとっては、「心の食物」ともいうべきものですから、もしある人があまり読書をしなくなったとしたら、それは食物をとらなくなった人間と同様に、その人の生命力の衰えた何よりの証拠といってよいでしょう。ところが体のほうは、もし二、三日でも食物を摂らない日が続いたら、それこそすぐに医者を招いて大騒ぎをしますが、これに反して「心の食物」としての読書となると、何日も本を読まなくても、直ぐには目立ちませんから、つい書物を読まずに済まして、平気な人が多いのであります。しかし書物を読まない人は、如何にその人の内容が乏しく、かつ貧弱かということは、今さら申すまでもないことであります。

しかし読書というものは、このように「心の食物」ではありますが、同時に度を過しますと、食物と同様に過食の害があるわけであります。ということは、本を読みすぎる人は、とかく観念的になりがちで、人間としての確かさとか、手堅さという点では、とかく欠ける人が多いからであります。ですから前回にも申したように、皆さん方の読書は、まず宿題や学校の勉強をすませた上でないと、いけないのであります。ところがそうなりますと、結局読書かテレビかということになるわけで、このどちらを止めるかが、皆さん方にとっては、いわば一生の大きな分れ目になるといってよいでしょう。

そこで今日は引きつづいて、ひとつ「趣味」についてお話してみたいと思います。では何ゆえわたくしが、趣味についてお話するかと申しますと、それは趣味というものは、われわれ人間にとっては、一種の香りみたいな物だからであります。なるほど料理やお掃除のような家事の必要なことは、今さら申すまでもないことであります。また書物を読んで、物事の道理を知ったり、あるいは世の中の色々な方面の事柄を、居ながらにして知ることのできる読書というものも、確かにスバラシイ事に相違ないでしょう。しかしながら、それらと比べても決して劣らぬものに、「趣味」という領域のあることを、お互いに知らねばなるまいと思います。

では、趣味とは一体どういうものでしょうか。わたくしは先に、「趣味とは人間にとって、一種の香りみたいなものだ」と申しましたが、ここで香りというのは、実用的にはあっても無くても、大して変らぬものともいえましょう。たとえば、かりに湯ドウフを頂く際に、ネギとかその他薬味と呼ばれる物は、どうしても必要ですが、そこに柚子を少々添えるかどうかで、料理としての冴え加減は、格段の違いとなりましょう。そしてそれは、それによって全体として風味が加わるからであります。すなわちそれは、実用的にどうしても無くてはすまされぬという物ではありませんが、しかしそれによって、ひとりその人の人間的な香りが添うばかりか、その家庭さえも一種の床しさが加わるのであります。

では実際問題として、女性の趣味としては、一たいどういうものが良いのでしょうか。このように考えて、まず人びとの心に浮ぶのは、茶や生花、あるいは書道や音楽、または画などが考えられましょう。そしてこれらの中でも、茶は茶道とも呼ばれて、古来単なる「趣味」というだけでなくて、女性としてのたしなみの中でも、もっとも本筋のものと考えられて来たようであります。随《したが》って茶道は、ひとり女性のみでなくて、男性にとっても、心ある人びとのたしなみの第一と考えられて来たといってよいでしょう。

ですから、現在まだ生徒でありながら、皆さん方の中にも、すでにお茶を習っている方も、いられるかと思います。それも初めのうちは、お母さんなどに奨められて、あまり乗り気でなかった人でも、だんだん回数が重なってゆきますと、お茶のお点前というものによって、しぜんと心の落ち着きが得られるようになり、そしていつしか、それを味わっている自分を見出すようにもなりましょう。

ご存じのように、茶道には色いろの流派がありまして、それぞれ自分の流派を良しとしているようですが、それはちょうど、宗教における宗派の別と同じようなものでありまして、どれが一ばん良いかということは、客観的には言いにくいかと思います。随って皆さん方は、それぞれ縁に応じて、習われるが良かろうと思います。たとえば、お母さんの習っていられるお師匠さんにつくとか、あるいは伯母さんの紹介によって、その先生に教わるといったようなぐあいにです。

茶の次に多いのは、生け花ではないかと思います。それもそのはずで、元来茶と花とは、互いに切り離せない深い関係にあるからであります。ところで、この茶と花については、以前は茶のほうが重んじられていたわけですが、近ごろではむしろ花を習う人のほうが増えつつあるのではないかと思いますが如何でしょう。そしてそれには、またそれだけの理由があると思うのであります。と申すのも、世の中がしだいに忙しくなってきますと、茶のような幽玄な世界をたしなむような心の余裕をもつ人が、どちらかというと少なくなりつつあるからではないでしょうか。

そうした点から申せば、生け花のほうは、習うのに比較的たやすい上に、また結果がだれの眼にもすぐ分る点が魅力なのでしょう。すなわち茶のほうは、正式に茶を点《た》てる機会がなければ、人に見てもらう機会もないわけですが、生け花となりますと、活けてさえ置けば、だれの眼にもすぐ分るのであります。その上に、われわれ日本人というものは、たとえ床の間のないような家に住んでいても、わが家の中のどこか一、二カ所には、ホンの形だけにせよ、何か花を活けずにはいられない人種のようであります。否、それればかりか、最近では生け花はアメリカなどでも、女性の間に流行しかけて、現在わが国に滞在中のアメリカ婦人の中には、生け花を習っている人が少なくないようですが、それというのも外人には、お茶よりも生け花のほうが分りやすくて、入りやすいからでしょう。

そこで現在わたくしに向かって、あなた方が「自分はこれから茶と花のうち、どちらか一つを始めたいと思いますが、どちらを習ったら良いでしょうか」と、尋ねられたとしたら、わたくしは初心の人には、「マア花から始めたら如何です」と答えることでしょう。それは生け花は、だれの眼にもよく分るからでありまして、日本の家庭にうるおいを与える点では、第一だと思うからであります。なるほど、家庭に潤いを与える美的な工夫としては、絵画というものもあります。しかしながら、これはその選択が問題でありまして、なるほどいつまでたっても倦《あ》きの来ないような良い絵でしたらよいですが、しかしそういう絵はなかなか高価で、そう手軽に求めるわけにはゆかないのであります。

ところが、生け花ですと、いわば大自然の手になった「作品」ですから、その美しさに限りないものがあるといえましょう。その上に、何といっても費用が少なくて済むという長所があります。しかしこれら以外にも、生け花にはもう一つの大きな長所があると思います。それはどういう点かと申しますと、生け花には、一種の創作的な一面があるということです。すなわち生け花には、かなりな程度まで、自分の創意工夫を入れる余地があるわけで、わたくしとしては、この点を大いに重んじたいと思うのであります。

さて以上、茶と花について考えてみたわけですが、次には音楽というのが従来の常識でしょうが、しかしわたくしの見るところ、わが国の現状では、音楽は大きな過渡期にあるのではないかと思われます。すなわち、趣味とかたしなみとして音楽をやろうという場合、一たい邦楽を選ぶか洋楽を選ぶかということが、まず問題でありまして、こうした問題はお茶や花には無いのであります。勿論こういったからと言って、皆さん方に、音楽を習う必要がないなどと申す気持ちは毛頭ありませんが、ただ、洋楽と邦楽のどちらを選ぶかという点では、茶や花とは、かなり趣の違う処がある、ということだけを申すに留めたいと思います。

では次に、趣味として他にどんなものがあるのでしょうか。これら以外に、まず考えられるのは、さしあたり書道や絵画、また歌や俳句などが考えられましょう。皆さん方のうちにも、現在すでに書道のおけいこをしている方も、おありかと思いますが、書道というものは、いわば趣味と実益という両面がありますので、趣味の中でも大へん良い趣味だともいえましょう。それというのも、字が上手だということは、その人の人柄さえも床しく思われるわけで、そうした点では、書に自信のない人は、たとえしばらくでもよいから、書を習われるのは良いことだと思います。

それに次いでは、短歌や俳句をやるのも良いでしょう。これらについては、すでに「読書」のところでも触れたわけですが、ここに「趣味」として再び取り上げるのは、単に鑑賞という程度に留まらないで、自分でも作ってみる、すなわち創作ができるからであって、その点では、小説などを読むのとは違った長所といえるわけであります。つまり、単なる鑑賞だけに了《おわ》らないで、創作もできるということは、趣味を選ぶ上では、一つの重要な長所といってよいでしょう。

以上で、ふつうに女の人が「趣味」と呼んでいるもののうち、主だったものの数種について考えてみたわけですが、しかしわたくしとしては、これらのものと比べて勝るとも劣らぬものとして、編み物や刺繍、さらにはローケツ染めなど、いわゆる「手芸」を重んじたいと思います。と申しますのも、これらの趣味は、以上述べて来たものと比べる時、はるかに生活に密着していますから、制作品が直ちに家庭生活の中に生かされて、豊かな潤いを与えるからであります。そうした点からわたくしは、女性にとって、最も好ましい趣味といってもよいと思うほどであります。しかしそうした点をさらに一歩進めて、最後にわたくしは、園芸趣味を挙げたいのであります。すなわち、わずかの空間を利用して、草花や野菜などをつくるのでありまして、これは以上のべてきたどの趣味と比べても、勝るとも断じて劣ることのない、主婦にとっては、もっとも健全な趣味といってよいでしょう。もしその屋敷が広くて、ナスやキュウリ、あるいは菜っ葉などまで作れるとしたら、まったくこの上無い趣味ともいえましょう。それというのも、それによって家族の人びとに、農薬を使わない新鮮な野菜の提供ができるとしたら、もうそれだけでも、女性の趣味としては最高といってもよいでしょう。

なお最後に申したい大事なことは、趣味というものは女性にとっては、晩年の生活における最大の慰めになるということでありまして、この事は何一つ趣味をもたない年とった女性のことを想い浮べたら、だれにもよく分ることであります。しかもさらに重大な点は、それにも拘らず、趣味というものは、若き日において、その手ほどきを受けておかなければ、年とってからでは、始めようにも、始めるわけにゆかないということであります。

第二一講——しつけの三原則

今日は晩秋の一日、例により名児耶先生には道服姿でお越しになり、校長先生の案内でご入場、おもむろに壇に上がられて一礼の後、今日のテーマと、八木重吉の次のような詩をお書きになった。

八木　重吉

○

、、、
いいもの
みつけた
あった　あった
まりが　あった

○

まりに
あきたら
独楽と　ゆこう
こまに　あきたら
まりと　ゆこう

○

だあれも
人の　みてない　とこで
おもいきり
人のために　なることをしていれぬものか

○
きりすとを　おもいたい
いっぽんの木のように　おもいたい
ながれのように　おもいたい

さて、前回にも申したように、八木重吉が生前に刊行した二つの詩集、すなわち「秋の瞳」と「貧しき信徒」の二冊からのご紹介は、前回で一おう終ったわけであります。ではもう種子切れかというとそうではなくて、重吉の没後には、たくさんの詩稿が残されていたのであります。そしてそれらが現在では、前の二冊の詩集と共に、「定本八木重吉詩集」として、刊行されているのであります。

ここで皆さん方に、もう後十回ほどお話するわけですから、それらの遺稿の中から、わたくしの心に触れる詩を選んで、以下ご紹介しようと思うしだいです。

さて最初の詩は、ご覧のようにマリが主題になっていますので、ふつうなら「まり」という題でもつけたらよさそうですのに、そうしないばかりか、「無題」ともしなかったのは、つまり「まり」ではハッキリし過ぎて、むろん面白くないが、しかし「無題」としてみても、まだ多少気どりが感じられるので、ついに○印にしたのでしょう。それというのも、結局○印が一ばん気が楽なからでしょう。詩の内容については、別に説明の要はないでしょう。

次も題はなくて○印ですが、それだけに実に気楽なよみ方をしているでしょう。つまり詩のよみ方自身が、まるで一種の遊びみたいですものね。

次のも題はありませんが、しかしこの詩は前の二つとは多少違って、ある厳粛なものが詠《よ》まれています。同時にこの詩は、重吉における最も本質的なものに触れているといえましょうね。

そして、その趣をさらに一歩深めたのが、次の詩だといってよいでしょう。同時にこの詩によって、重吉の宗教観というかキリスト観が、自由ないのちとして把握せられている趣が、端的に窺えるといえましょう。

数回前のことでしたがわたくしは、あなた方が将来結婚されて、子どもが生まれた場合、育児ということが如何に大切かということについて申したはずであります。しかし親として子どもに対する義務は、けっして育児だけで終るものではないのであって、それはやがて引き続いて、家庭教育が問題となってくるわけで、むしろこれこそ母親にとっては、より重大な任務といってよいでしょう。何となれば、育児のほうは、いわばからだに即しての問題ですが、家庭教育のほうは、わが子の精神面における「人間形成」の問題だからであります。随《したが》って、万一これを誤ったとしますと、たとえわが子のからだがどんなに丈夫に育つにしても、最悪の場合には、一個の野獣をつくったのと同然だとさえ言えましょう。しかしながら、これは今日では、必ずしも誇張の言とはいえないのでありまして、非行少年の中には、まったく野獣のような残酷な事をする者もあるわけです。

こういうわけで、将来あなた方が結婚して一家をもたれた場合、あなた方の分担すべき責任の中には、大きく分けて ㈠妻として、夫との間に生ずる事柄と、㈡主婦として、一家を処理してゆく仕事と、㈢今ひとつ、これから述べようとしている、わが子の教育、とくに家庭教育でありまして、つまり将来のあなた方には、こうした三つの大きな責任領域があるわけであります。そしてこれら三つの領域は、たがいに連関し合っているのでありまして、他の二つが良くできていないのに、そこだけがリッパに出来るということは、事実の上ではまったくあり得ないことといってよいでしょう。

では、そうした家庭教育において、一ばん大事なことは、一たいどのような事でしょうか。もしわたくしに、こうした問いが出されたとしたら、「それは何といってもリッパな家庭の雰囲気でしょう」とお答えするでしょう。しかしながら雰囲気というコトバは、ある意味ではまるで空気のように、捕え処の無いものだともいえましょう。とくにリッパな家庭的雰囲気などということになりますと、どういうものが一たいリッパな雰囲気といえるかということが、問題なわけであります。ですから、家庭教育において一ばん大切なものは、リッパな家庭の雰囲気だと申した以上、わたくしも何とかそれに答えねばならぬ義務があると思うのであります。

そこで、以上わたくしがリッパな家庭的雰囲気と申したのを考えてみますと、そこには何よりも温でおだやかな中に、どこか一脈、凛としたものの漂っているような雰囲気、といってよいかと思うのであります。それというのも、子どもというものは、いわゆるお説教によってリッパになるものではなくて、家庭における両親のコトバや行動はもとより、とくにその心情によって、リッパに育つものだからであります。わが国の徳川時代のすぐれた学者の中には、教育というものを「徳化」と考えた人が少なくありませんが、それはすなわち、教える人の感化によって、相手がしぜんに化せられてゆくわけでありまして、このことは特に家庭教育の場合に、適切に当てはまると思うのであります。それは四六時中生活を共にしている間柄だからであります。

では家庭教育については、それ以外にも大事なことは無いかと申しますと、そこには色いろと考えられるのであります。なるほど、その家の雰囲気さえリッパであれば、たしかに子どもはリッパになるわけでしょうが、しかしその家の雰囲気が理想的だといえるような家庭は、実際問題としては、今日きわめて少ないといえましょう。随ってわたくしたちとしては、そのために何かある種の補強工作とでもいうものを必要とするわけであります。またかりに、その家庭の雰囲気は相当にリッパだとしましても、単に家庭の雰囲気というだけでは、どうも押えどころのない感じがして、何とかもう少しハッキリしたものが欲しいのであります。

そこでこうした要求から生まれたものが、古来しつけと呼ばれて来たものであります。ですから、家庭の雰囲気というものとしつけとは、必ずしも同じものとはいえないのであります。否、それはばかりか、家庭教育としつけさえも、必ずしも全く同じだとは言えないのであります。では、そのような意味において、しつけとは一たいどういう事をいうかと申しますと、それは「良い子になりなさい」とか、「リッパな人間になるんだよ」などというような、一般的観念的なお説教をすることではないのでありまして、そうではなくてわれわれ人間が、その社会生活を営む上からして、どうしても必要な所作というか、たしなみというものであります。随って、「これまでやらなかったのに、近ごろやるようになった」とか、あるいはまた逆に、「これまではやっていたのに、近ごろどうしたわけかしなくなった」というふうに、だれの眼から見ても分るような人間的行動、ないしは所作をいうわけであります。

しかしながら、こういう事をいくら申してみても、お分りにならぬでしょうから、ひとつ実例をあげて申すことにいたしましょう。それについてわたくしは、しつけの根本は、次に述べる三つの事柄さえしっかり身につけさせれば、それで親としてのしつけの義務は、一おう済むと考えるものであります。では、その三つの根本的なしつけとは何かと申しますと、それは ㈠朝起きたら必ず親や祖父母に対して、朝のあいさつのできる子にすること、第㈡は、両親や祖父母などから呼ばれたら、必ず「はい」とハッキリした返事をして、「ナーニ」といわない子にすること、そして第㈢には、ハキモノを脱いだら、必ずそろえ、また席を立ったら、必ずイスを入れるようにするということであって、以上三つの根本的なしつけを充分わが子の身につけさせたら、もうそれだけで、すべてのしつけの土台はできたと申してよいでしょう。

こう申しますと、皆さん方の中には、「たったそれだけの事で、親のしつけの義務がすむなんて、おかしいではないかしら」と思われる方もおありでしょう。では何故わたくしが、以上の三つさえ十分身につけさせれば、それでしつけの根本的な義務はすむというかと申しますと、それは次のような理由によるのであります。と申しますのも、人間というものは、朝のあいさつを自分から進んですることによって、相手の人のいうことが聞けるようになるのであって、すなわち心の受け入れ態勢ができるわけであります。そしてそれはさらに、相手の人から呼ばれた時、「ハイ」とハッキリした返事をすることによって、一おう受け入れ態勢は完了するわけであります。

以上のべたことを言いかえますと、子どもというものは、㈠親に対して朝のあいさつができるようになり、㈡また親に呼ばれて「ナーニ」といわないで、「はい」と答える事によって、心のコップが上向きになって、相手の言うことが聞けるようになるのであります。どうもお互い人間というものは、相手の心は見えませんから、何らかの手掛りによって、相手の心が受け入れ態勢になっているかどうか、見当をつけねばならぬわけですが、その目印になるのが、上に述べた㈠朝のあいさつと、㈡返事であります。ついでながら、「ナーニ」という返事がなぜ良くないかと申しますと、それは用向きを聞かねば、やるかやらぬかは分らぬ、というわけで、「ハイ」というように、「無条件でやります」というのとは、相似て千万里の違いであります。ですから他所《よそ》の家へ行った際、もしその家の奥さんが坊ちゃんに向って、「太郎ちゃん！」と呼んだのに対して、「ナーニ」と答えたとしたら、もうその一言で、太郎君はあまり親のいうことの聞けない子だといえましょう。

そこで、では第㈢の、ハキモノとイスのしつけは、一体どういう意味があるかと申しますと、これは人間のしまりと共に、お金のしまりも、それによって身につけさす事ができるのでありまして、これは人間のたしなみの根本といってよいでしょう。ですから、イスを出しっ放しにして平気だったり、クツを脱ぎっ放しにする女《ひと》を息子の嫁にしたら、まるで穴の明いているバケツのようなもので、人間としての肝心なしまりは無い女《ひと》と考えてよいでしょう。これに反して、一見かなりハデ好みに見えるような女《ひと》でも、もしこのイスとハキモノのたしなみが確かだったら、少なくとも家計に穴を明けるような心配はないと考えてよいでしょう。

さて、以上わたくしは、一おうしつけの根本原則の三カ条についてお話したわけですが、そこで次に問題になるのは、では一体どうしたら、これら三つの根本的なしつけを、わが子の身につけさす事ができるかという問題でしょう。すなわち方法というか、しつけ方の問題であります。ところが、それについては、根本的に重要な注意が二つあるのでありまして、その第一は「時期」の問題であり、第二はやり方の問題であります。

そこで先ず時期の問題ですが、おそらく日本中の親さんの大方は、しつけというものは、将来大人の社会に入った際、最低限、他人から笑われない程度のたしなみだけは、タネ蒔きをして置いてやりたいが、それにはあまり小さくてガンゼない年ごろでは早過ぎるので、まず小学校の四、五年から、せいぜい六年生までの三カ年ほどの辺が、しつけの時期としては、一ばん適当だろうと考えている人が、ほとんどといってよいかと思います。しかしそれでは遠く遠く手遅れなのであります。わが国の家庭で、しつけの必要がかくも盛んに論議せられながら、その効果がなかなか挙がらないのは、まったくこのしつけの時期を知らないために、みんな手遅れになってしまうからであります。

ではしつけを始めるには、一体いつごろが適当かと申しますと、それは幼稚園に入る前後から、遅くとも小学校へ入るまでに、以上三つの根本的なしつけを完了しなければならぬのでありまして、そうすればどんなご家庭でも、またどんなお子さんでも、何らの支障もなく、リッパに身につけさすことが出来るのであります。おそらく一カ月前後ですむことでしょう。しかもそれがその子どもの一生にわたって、その人間形成の土台になるわけですから、これほど労少なくして効の多いことは、他には無いといってもよいでしょう。

そこで最後に、しつけの仕方の問題ですが、それにはしつけというものは、お説教では出来ないものだというのが根本原則であります。随ってしつけの根本責任者たる母親自身の実行以外には無いわけであります。そこで実際問題としては、毎朝母親が、家中の者に向って、ハッキリした朝のあいさつをすることが第一であります。そうしますと、子どもたちも皆あいさつを返しますが、それを続けていきますとそのうちに、子どもの方から先にあいさつをするようになります。つまり、これで芽が出始めたわけですから、そこで母親はその子に向かって、「オヤオヤ！　けさは母ちゃんのほうが一本取られたわね」

とでも言ってホメてやるのです。そうしますと、それまでしなかった他の子どもたちも、やるようになるのであります。次のハイという返事についても、まったく同様なやり方をするわけですが、ただ最後のイスとハキモノだけは、どんなに親が実行していても、それだけでは子どもの眼には入りませんから、これだけはどうしても教えてやらねばならぬのであります。またわが子が脱ぎっ放しにしていたら、それを親が黙って直しておいても、子どもは直されたとは知りませんから、どうしても呼んで直させねばならぬのであります。そしてこの点が前にも申したように、このハキモノのしつけは、幼稚園へ入るころから、せいぜい小学校へ入るまでの間に、しつけないと手遅れというわけであります。いわんや、小学校の五、六年生にもなってから、しつけようとしますと、一々呼んで直さす他ないわけですから、遠く手遅れだと申したゆえんであります。

さて、以上はしつけの基礎としての三大原則でありまして、これは前にも申したように、遅くても小学校の入学前に完了しなければならぬのであります。なおそれから以後のしつけについては、次にもう一回、わが子の勉強のさせ方と共に、改めてお話することにいたしましょう。では今日はこれにて——。

第二三講――しつけと家庭学習

今日も名児耶先生は道服姿で、校長先生の先導でご入室になり、やがておもむろに壇上に上がられ、一礼の後、今日のテーマと、次のような八木重吉の詩を書かれた。

○

八木　重吉

おんぼろ
さんぼろ
なぜに　この羽《は》おりを　きているか
かねが　ないゆえではある
けれどこころのかるい　ゆえともなった

○

かく　ほそく　するどく
ひとすじの　みちをゆけば
かたるもの　すくなしとは　おもえど
ひとりも　なしとしれば
ときありて
あやまてる　みちならずやと　おもう

○

死ぬことを
生くることに　くらぶる
ひそかなる　たのしみに　なりたれど
まずしく　やみていれば
ひたすらに　生きたしと　ねがわれる

○

死を　おもう
そのおもいも　つきては
ちちよ　ちちよと　みなを呼ぶ

今日の詩も、みんな無題どころか、○印ばかりですね。ということは、つまり晩年——といっても死の直前に近いころで、心境の澄んだ詩が多いせいかと思われます。

さて最初の詩ですが、この「おんぼろさんぼろ」という書き出しが面白いですね。そこでそれを受けて、では何故そういう「おんぼろ羽織」を着ているかというと、お金の無いせいもあるにはあるが、それよりも気楽でいいからと、率直に書いているわけです。

しかし、次の詩になると、そうした半ばユーモラスな雰囲気は吹ッ飛んで、一転して厳しい人生の歩みの問題となるわけです。そして自分のような孤独な道をあゆむ人間には、真の理解者は少ないとは、最初から覚悟していたことである。しかしここまで歩いて来て、自分の歩いてきた道に対する真の理解者というものは、結局一人もないことが分ったわけであります。同時にここまできますと、もしかしたら、自分の道が間違っていたのではないか、という疑念におそわれることすら、時にはないともいえないと言っているわけです。真実の道を歩む人びとの、だれもがぶつかる問題といってよいでしょう。

さて次の詩ですが、これはさらに深刻な悩みについて詠《よ》まれているわけです。それと申すのも、こうして永い間、不治の病(呼吸器病)を病んでいると、いつしか死の覚悟もできて、生と死とを比較して考えることさえ、一種の楽しみになりかけて来たとはいうものの、現実に貧しい妻子の上を思えば、ヤハリひたすらに生きたいと思うといっているわけです。

そして最後の詩となると、もはや死の覚悟というようなものも尽き果てて、最後はただ、「父よ！父よ!!」と、神の御名を呼ぶばかりだというわけです。しかもそれが「神よ！　神よ!!」というんでなくて、「父よ！　父よ!!」であることは、注目すべきことでしょう。つまりそれだけ重吉の晩年の信仰は深くなって来たのでしょう。

さて前回のわたくしの話のテーマは、ご存じのように「しつけの三大原則」であって、つまり家庭教育の土台についての話でした。それと申すのも、ふつうに家庭教育と呼ばれているものが、内容的にはどうも漠然とした処があり、そのために多くの人が、「家庭教育!! 家庭教育!!」とやかましくいっていながら、さてそれでは、その家庭教育の内容はどうかということになりますと、どうもテンデンバラバラでハッキリせず、随《したが》って実際問題として、「何と何とを、どうしてしつけたらよいか」ということになりますと、人によってそれぞれ意見が違うといった有様であります。しかしそれでは、とうてい成功しようはずはないのです。ところが、わたくしの考えでは、子どものしつけの基礎は、前回にも申したように、たった三つの根本原則を、但し徹底的に身につけさせればそれでよく、そしてそれは、幼稚園へ入る前後から、遅くとも小学校入学前に完了しないと、手遅れになるということをお話した次第でした。ところが、あれほどハッキリと申してさえ、実際にはそれをやらない母親もあるくらいですから、この点はどれほど徹底的に力説しても、過ぎるということはないのであります。

同時に、このように、しつけの基礎をしっかりと固めておかなければ、その上に建てる家庭教育という建築物は、しっかり建つはずがないのであります。では前回お話したしつけの三大原則の上に、一たいどのような建て物を建てたらよいのでしょうか。そしてそれが本日わたくしが用意し、考えて来たところのお話となるわけであります。

実はわたくしの考えでは、家庭におけるしつけとしては、この前にお話したしつけの三大原則で、一おう十分であって、あの三つのしつけさえ十分にできていれば、それ以外のことは、おのずと出来るというのが、わたくしの根本的な信条であります。そしてそれは、あいさつと返事によって、一おう子どもとしての「我」がとれて、親のいうことが素直に聞けるようになるからでありまして、いわば心の受け入れ態勢が整ったわけであります。それは物にたとえて申せば、心のコップが上向きになったようなもので、もはや何を注いでも溜るように、親のいうことの聞ける子どもになったわけですから、その上は何を仕込もうと、それぞれのご家庭で、ご自由になさったらよいわけで、もはやわたくしなどの出る幕ではないというのが、わたくしの根本的な考えなのであります。

ところが、世の中というものは妙なものでありまして、あのしつけの根本原則の三つだけでは、どうも物足りないという気がして、その中へ何を注いだらよいかということまで、わたくしに話してほしいとご注文される人が、少なくないのであります。だが、そういう人に限って、実はあの三つの根本的なしつけを、十分にはやっていない人が多いのであります。随って、そういう人たちを相手に、かれこれ申す必要はないともいえましょう。しかしそれでは、そっけないともいえましょうから、そこであの三つの根本的なしつけが出来るようになりましたら、その上に何を積み重ねたらよいかという問題について、念のために、次に少しくお話することにしたわけであります。

そこで小学校入学前までに、一おうしつけの根本原則の三つが仕込めたとしたら、つぎに何を積み重ねるかというに、まず小学校の一年生から始めて、二年までの間に、夜寝る前に、㈠明日学校で使う学用品をそろえて、一つも忘れ物の無いようにし、安心して寝るというしつけですが、㈡その他に、一・二年生の間にしつけたいのは、これも夜寝る前に、自分の着ていた服をキチンとたたんで、枕上《まくらがみ》に置くという習慣であります。ところでこの二つのしつけは、実に大事なしつけでありまして、つまり自分のなすべき事を仕上げて、安心して寝るというわけでありまして、これは考えようによっては、人間の一生の最後もかくありたいともいえましょう。しかもこうしたしつけの土台は、すでにハキモノとイスによって、準備せられるわけであります。

では次に、三・四年生のころには、何をしつけたらよいかというと、それには何か一つ二つ家事の手伝いをさせるということでありまして、それも実に大切なしつけであります。それというのも、これによって子どもたちは、子どもなりに、わが家の一員としての責任を受け持つ気がまえが出来るからであります。ですからこのしつけを始めますと、子どもたちは、次第にわがままを言わなくなるのでありす。それというのも、親たちと一しょに、自分もわが家において責任ある一つの部署についたという、責任感が芽生えてくるからであります。そこで、それでは、何を受けもたすかという問題ですが、たとえば廊下のおそうじとか、あるいは朝 玄関をはくとか、あるいは新聞をとじ込みにはさんで片づけておくとか、その他考えたら色いろあると思います。

しかし、三・四年生の間に、もう一つ大事なしつけは、子どもたちに、各自じぶんの夜具の始末をさせることでありまして、すなわち夜具は必ず自分で敷き、自分で片づけるというわけで、これは実に大事なしつけであります。そして、もしも躰《からだ》の不自由なお年寄りのある家で、子どもたちが、その夜具を敷いたり片づけたりする処までいけたら、家庭教育としては、おそらく最上といって良いでしょう。愛媛県の川之江市で、小学校の二年生の子で、おじいさんのフトンを敷いたり片づけたりする子があるという話を聞いて、わたくしは思わず涙が出ましたが、それほど深く感動させられたのであります。

ではつぎに、五・六年生では、何をさせたらよいでしょうか。それにはまず、男の子には毎朝門の前を掃かすということは、最上のしつけの一つかと思います。また夜具の始末は、前にも申すように、三・四年生でしつけたいと思いますが、そして遅くても五年生になったら、男女とも必ず片づけさすということが、大事なしつけといってよいでしょう。大人になってから、他家へ泊っても、夜具一つ片づけないような者に、ろくな人間はないと言ってよいでしょう。また女の子は、五年生にもなったら、配膳と後片づけは当然の仕事ですが、さらに、自分のクツ以外に、父親のクツを必ず磨くようにさすが良いでしょう。そしてもし出来れば、その他にも、自分でクツの磨けないような、小さい弟妹のクツまでも磨いてやるような、優しい心を持った子になってほしいと思います。また男の子でも、自分のクツだけは必ず磨くようにしたいわけで、こうしたしつけを怠るために、大きなくせに勝手気ままを言うのであります。いわんや高校へ通うようになって、親より背の高い娘のクツを、毎朝母親が磨いてやるなどということは、全く見ていられないわけで、そういう育て方をされた娘が、親のいう事を聞かないのは当然なことであります。

さて最後にもう一つ大事なしつけとして、朝　親に起こされないで起きる子どもにしたいものであります。そしてそれは、母親がラジオをかけてやるか、それとも子どもが自分で目覚時計をかけて寝るかは、どちらでもよいわけですが、要はボツボツ思春期に入りかける年ごろですから、そこで自立の精神を持たす点で、これほど有効なしつけはないわけであります。もしこれが出来るようになったら、親としては、かりに死なねばならなくなったとしても、わが子に関するかぎり、根本的には安心して眼をつぶることができましょう。

さて以上で、一おうしつけの話は終ることにして、つぎには子どもの家庭学習について申してみたいと思いますが、それには母親として、一体どうしたらよいのでしょうか。この問題についてもわたくしは、しつけの場合と同じく、根本的には三つの事柄を責任をもって指導すれば、一おうその責めは果たせるものと考えるのであります。

ではその三つの事柄というのは何かと申しますと、第一は、小学の一・二年の間に、わが子の家庭学習を軌道に乗せるということであります。というのも、すべて物事は最初が大事だというわけです。ではどうして軌道に乗せるかと申しますと、わが子が学校から帰ったら、「ああ、お帰り!!　暑(寒)かったでしょうね。今日のおやつは、あんたの好きな○○よ」と、子どもから催促される前に、先手を打つわけで、ここが子どもの心理をつかむ大事な秘訣です。ところが、大事なことは、そのおやつをやる場処ですが、それには勉強机の上で、親と向かい合って食べさすということです。そしてその間に、その日学校で起った出来事について、話し合うのです。そしてわが子が食べ終ったら、「では、これからお勉強をしましょうね」というわけです。すると子どもは、たった今おやつをもらった義理がありますから、「ボク勉強は遊んで来てからにするよ」とは、言いにくくなるわけで、ここが母親としてのねらいなわけです。もしそれでも駄々をこねて、どうしても遊びに行くといって聞かなかったら、「お母さんの言うことの聞けないような人のいうことは、お母さんも、もう聞きませんからね」と、凛然《りんぜん》と言い放って、それでもまだ聞かずに逃げて行くようでしたら、とうぶん子どもの言うことは一切聞いてやらぬことにして、参らすのであります。

さて次には何を勉強さすかというと、国語の本を朗々と自信をもって読めるようにするのです。そしてそれには、親が一ぺん、子が一ぺん、替り番こに二〇回以上読んで、少なくとも読むことだけは、子どもながらに自信をつけさすのであります。同時にこれによって、内向性の子どもを直すことも出来、まさに一石二鳥というわけで、これこそ勉強の極秘伝であって、これがその後の家庭学習一切の土台になるのであります。

つぎに第二としては、小学の二・三・四の三カ年の算数は、解らぬものを一つも無くするということですが、そのためには、親は子どもが二年生になったら、国語の他に算数を一しょに勉強して、四年の三月までは、勉強相手になってやるのです。同時に、そこまでやれば、わが子の家庭学習に関する、母親としての直接責任は、完了と言ってよいというのが、わたくしの持論であります。ではどうしてそう言えるかというと、五年生からはもう子ども自身が、自立的に勉強しなければならぬ段階に入るからであります。同時にわが国のふつうの母親では、算数の教えられるのはセイゼイ四年生までであって、五年生以上となるとムリな人が多いのです。実さい天はよくしたもので、母親が教えられなくなったころには、子どもはもう自立して、自分で勉強しなければならぬ年ごろになるのであります。

そこで、以上㈠一・二年で国語の本を朗々と自信をもって読むようにさす事と、㈡二・三・四の三年間の算数は、解らぬものを一つも無くするという、この二カ条を徹底的にやれば、わが子の学習に対する母親の直接責任は完了するというのが、わたくしの考えであります。実さいこの二・三・四の三年間の算数が、一つ残らず解るということは、ひとり五・六年生への準備であるばかりか、全中学課程に対しても、有力な土台づくりとなるのであります。

そこで、第三には、小学の五・六年生から、中学及び高校生になったわが子の勉強は、一体どうしたらよいかという問題ですが、そのうち五・六年生については、子どもから尋ねられたら、そして自分が教えられたら、教えても良いが、子どもから尋ねられないのに、親のほうから教えるのは、子どものために良くないわけで、もしそれをしますと、中学の二年生ころになってから、子どもの力がグンと弱って来るのであります。

そこで最後に、では中学および高校生の勉強に対して、親としては一体どうしたらよいかという問題ですが、これについては、母親は、㈠わが子に対して、口ぐせのように「勉強せよ!!」とはいわぬこと、㈡同時に、わが子が机に向かっているのを見たら、必ず日に一度はホメてやること――以上の二カ条を徹底的に守るということでしょう。では何故「勉強せよ、勉強せよ」といってはいかぬかと申しますと、それはもうそのころには、母親には教える力が無いからであります。つまり、わが子に「勉強せよ」という資格が無いというわけです。しかし言わぬだけでは足りませんから、わが子が机に向かっているのを見たら、母親は必ず日に一度はホメてやるのです。しかもホメルには後方《うしろ》からホメルのが秘訣です。「ああ、またお勉強かね。では紅茶の一つも出さずばなるまいね」といって、お勝手で用意して、さて出す場合には、むろん前から出すわけです。すると、十分ほど前には弟のマン画本だったものが、いつの間にやら英語の教科書に化けており、また推理小説だったのが、数学の教科書に化けていましょう。そこでまたホメてやるんですね。「あんた、こんなむつかしい英語や数学が分るようになったのね。これも近ごろやり出したせいだわね」というわけです。

以上、小学時代に国語と算数の二科目を徹底的にやれば、親の直接責任はすみますが、中学、高校では、親に教える力が無い以上、「勉強せよ」とは首が千切れてもいわない、その代りに、わが子が机に向かっているのを見たら、日に一度は必ずホメてやる——という、以上三カ条を徹底的に守る以外に、わが子を勉強さす秘訣は、わたくしとしても知らないのであります。

第二三講──妻としての責任
──新しい「内助の功」──

今日も、名児耶先生は道服姿で、校長先生のご先導でご入室。やがておもむろに壇上に立たれて、一礼の後、今日のテーマと、次のような八木重吉の詩をお書きになった。

八木　重吉

○
おんちち
うえさま
おんちち
うえさま　と
となうるなり

○
てんに　います
おんちちうえを　よびて
おんちちうえさま
おんちちうえさまと
となえまつる
いずる　いきによび
入《い》りきたるいきに　よびたてまつる
われは　みなをよぶばかりの　ものにてあり

○
いつわりに　いくる　くるしさ
神のごとく　いくることは　できぬか

○
わたしの　詩よ
ついに　ひとつの　称名であれ

今日ご紹介する詩は、重吉の数ある詩のうちでも、もっとも宗教的な詩といってよいでしょう。否、宗教的な詩――という程度の表現ではまだ生温《ぬる》くて、重吉の切迫した宗教的情念を表現し得ないといわねばならぬでしょう。そしてそういう意味からは、明治以後、西洋の自由詩に触発せられて、わが国にも幾多の詩人が輩出しましたが、そしてそれらの人びとの中には、宗教的な世界を詠んだ詩人もないわけではありませんが、しかし八木重吉ほどに、切迫した信仰のギリギリの心情を、かくも端的に表現した詩人は、おそらくは絶無といってよいでしょう。

そのことは、例えば最初の詩などは、「おん父上さま！　おん父上さま!!」と、神の御名を唱える他には、一切の雑念が消え去った世界を詠んでいるわけです。

そのことは、また次の詩においても、まったく同様であって、神の御名を呼ぶ以外には、何事も語られてはいないのであります。そして最後には、「自分は唯神の御名を唱えるだけの人間に過ぎない」とさえいっているのであります。

そして、次の詩には、いつわりに生きる深刻な自省が詠まれていて、どうぞして神のように生きることは出来ないものか、という深い苦悩が表白せられているのであります。

そして最後の詩では、自分の詩は結局、神の御名を唱える称名の他ないとの深い諦念に達しているわけですが、実さい、これほどまで信仰を突きつめて表現した詩人が、かつてあったでしょうか。

さて前回には、前々回をうけて、引きつづきしつけの問題について、お話したわけですが、皆さん方は、一体どういう感じを持たれたでしょうか。子どもを育てる場合、しつけが大事だということは、知らない人はないでしょう。しかし、しつけとは一体どういう事をするのが、本当のしつけといえるのか、またそれは一たい何歳くらいから始め、またどういうやり方でしつけたらよいか――等々の問題になりますと、皆さん方はもちろんのこと、すでに結婚して、現在幾人かの子どもを持っている母親たちでも、ほとんど知らない人が大方だといってよいでしょう。

このように、しつけというコトバほど、多くの人びとに知られ、かつ使われていながら、これほどあいまいで、多義的に使用せられているコトバも、他にはちょっと無いのではないでしょうか。こうした実情に対して、かねて歎いていたわたくしは、前にも申したように、しつけとは、根本的にはたった三つの事柄さえ徹底させれば、一おう親としての責めは果たしたといえるのであり、そしてその三つとは、すなわち　㈠朝のあいさつと、㈡返事と　㈢ハキモノをそろえ、イスを入れる、という三つのしつけでありまして、これを幼稚園入園の前後から、小学校への入学までに、完了するとしたら、その他のしつけは実にらくにしつけられるという考えが根本となっているわけであります。そして前回には、それを踏まえて、その上に積み重ねたらよいと思われる色いろなしつけについて述べると共に、しつけとの釣り合い上、子どもの家庭学習についても、これまた根本の三カ条にしぼって、お話した次第であります。

さて、以上申してきた事柄に対して、皆さん方は、一たいどのような感じを受けられたでしょうか。実際、わが子のしつけだけでも、考えたら大へんなことだと思われたことでしょう。なるほど、度たび申すように、しつけということも、もし母親が、㈠何と何とをしつけたらよいか、「それはあいさつと返事とハキモノとイスです」㈡またそれはいつごろ始めたら良いか、「それは入園前後から、遅くとも小学校入学までの間」、そして最後に、㈢どうしてしつけたらよいか、「それは母親が自ら実行すること」という、根本の三カ条さえ心得ていたら、実に簡単なことといえるわけですが、同時に以上の事柄を知らなかったとしたら、どんなにもがいてみても、どうなるものでもないということは、もし自分の室のカギを失ったら、何十本という他のカギを持っていても、どうにもならぬというのと似ているともいえましょう。それゆえわたくしも、このしつけの問題に関しては、皆さん方に幾度となく繰り返して申して参った次第であります。

さて、以前にも一度申したかと思いますが、皆さん方が将来結婚された場合、そこに生じる色いろな責任について大きく分けますと、㈠まず第一は、主婦としての責任であって、これは一口にいえば色いろな家事といってよいでしょう。そして次は、㈡母親としての責任でありまして、それは結局育児としつけ、すなわち体のこと、心の問題というわけであります。そこで最後に今一つ残っているのは、㈢第三の妻としての責任というわけであります。それゆえ今日はひとつこの点について、お話してみたいと思います。

では、この妻としての責任といいますか、その受けもちは、一体どういう事といったらよいでしょうか。それについては、古来妻としては、「内助の功」が大切だということが、一般に言われて来ているのであります。しかし皆さん方のように、男女共学でない方でさえ、このように「妻としては夫への内助の功が大切だ」というコトバは、あるいはこれまで、あまり聞かれなかったのではないかとさえ、思われるのであります。いわんやふつうの男女共学の学校に学んでいる人びとは、学校ではほとんど聞いた事がなく、ウッカリすると結婚するまで、コトバとしてさえ、一度も聞かずに結婚する人さえ無いとはいえない現状であります。しかもひとたび結婚した以上、現実の生活としては、それを聞いていようがいまいが、実際には妻として夫の内助をしなければならなくなるのであります。ところが、お互い人間というものは、あらかじめ知らされていれば、それほどヒドク戸惑うこともなく、何とかやって行けるとしても、全然知らされていない場合には、とかく手落ちが生じたり、あるいは行き違いが生じがちでありまして、わたくしのこうしたお話なども、実はそのような場合を考えてのことであります。どうも戦後の教育は、ともすれば、子どもたちの「自我」を拡大する傾向が強かったといえましょうが、しかし「自我」というものは、トインビーも言っているように、とかく「自己中心的」になりがちですから、よほど気をつけませんと、自他共に苦しみ、悩み、傷つくようにもなりがちであります。釈尊の教えというものは、この点をとらえて、人間の苦悩を救おうとされたわけでありまして、その教えの根本は、結局「無我」ということであります。

　では何ゆえこのようなことを言うかと申しますと、「内助の功」などというと、皆さん方の中にも、自己中心主義的な戦後教育の影響を受けて、つまらぬ事のように考える人がないでもないでしょうが、しかし一家を成り立たせてゆくためには、ふつうには夫婦のうち、どちらかが外に出て働き、他の一人は内を治めるというのが、責任の分担上、当然といってよいわけです。もっともこう言うと、皆さんたちの中には、「だって男女同権だから、わたしたち女性も、主人と同じように外へ出て何か仕事がしたい」と、考える人もいられましょう。だが、そういうのを世間では、「共稼ぎ」と呼んでいるのでありまして、それも、もとより自由だといえましょうが、しかしこの「共稼ぎ」の問題については、実際問題としては、なかなかむつかしい問題が多いのでありまして、とくに子どもが生まれますと、色いろと深刻な問題にぶつかるのでありまして、それらの点については、次回に改めてお話するつもりであります。つまり「世の中は両方良いというわけにはゆきにくい」のでありまして、「夫婦共稼ぎ」は、子どもにとっては、容易ならぬ問題であるわけであります。

そこでついでに今一つの場合として、ふつうの家庭とは逆に、妻が社会的に活動して、夫は家事を受けもつという場合も、実際にはひじょうに少ないでしょうが、時にないわけでもないでしょう。現に全国各地にある短大の創設者は、多くはこのケースが多いのでありまして、すなわち奥さんが学長として対外的に活動して、ご主人は事務長として事務のすべてを締め括っていて、いわば大番頭の役をしている場合が少なくないのであります。どうしてそうなるかという理由を、今申している暇はありませんが、とにかく以上三つのケースがあるわけですが、一般的には、男が外に出て働き、女は内を治める、という場合が大方だといってよいでしょう。

そこで一般論としては、内を治めるのは、ヤハリ女性のほうが向いているわけでありまして、それを前に申したように「内助の功」というのであります。つまり夫婦のうち、どちらか一方は家にあって、内の治め手でなくてはならぬわけでありまして、一般には女性がこれに当るというのがふつうであって、時々奥さんの方が対外的に働いて、夫が内を治めるという特殊の場合もないわけではありませんが、もし夫さえ承知ならこの方が「共稼ぎ」よりも、まだしもましといえるかとも思います。

以上は、一家における分担の上から生じる内外の別について、申したわけですが、それは戦後の自我拡大教育の結果、以上のようなきびしい現実を考えないで、ただ「男女同権」だから、女も家の中などにこもって、じじむさい家事などしていないで、男と同じように外へ出て働くほうが良い、というような考えを持っている人が、わかい人びとの中にはあるようですが、しかし現実の人生というものは、決して甘いものではないということを、多少実例を頭においてお話してみた次第です。同時に、それによって皆さん方は、結局次の三つの場合しかない事がお分りになったことでしょう。すなわち㈠男が外へ出て働き、女は内を治めるか、㈡逆に、女が外に出て働いて、男が内を治めるか、㈢それとも、男女共外へ出て働き、家を放ったらかしにするか――大別すればこの三つ以外には、無いわけであります。そして、わたくしの考えというよりも、世間の実情を考えてみて、このうち㈠の男が外に出て働き、女が内を治めるというのが、一ばんムリがなく、概して結果が良いといえましょう。そしてそれは結局、それが宇宙の大法だからであります。

このように、一般的には男は外へ出て働き、女は内を治める――というのが、順当なわけですが、ではその場合、妻の「内助の功」とは、一体どういう事かと考えてみますと、一口に「内助の功」といっても、そこには広義と狭義の別がありまして、広い意味で「内助の功」といえば、先ほど来申してきたように、㈠主婦としての色いろな家事の仕事と、㈡次には、ここ二回にわたってお話してきた、子どもの育児としつけの問題も含めて、「内助の功」というわけでありまして、ふつうにはこういう意味で使われている場合が多いといってよいでしょう。すなわち、外で働く主人をして、「後顧の憂」なからしめるというわけであります。

しかしわたくしとしては、妻の「内助の功」ということになりますと、以上の㈠と㈡以外にも、今ひとつ大事な事柄があると思うのでありまして、それは何かと申しますと、間接的ながら夫の活動に対して、多少なりとも役立つように心を配ることをいうのであります。かりにそれを実例でいうとすれば、世の中がしだいに複雑になって来ると共に、男の世界というものは、いよいよ分業化し専門化して来るのが、社会の大勢であります。そこで男というものは、ともすれば狭い自分の専門に囚われて、専門以外の事柄に対しては、広く社会の事を知らない人が多くなりつつあるわけで、これは社会の分業化にともなう一種の犠牲といってもよいでしょう。つまり男は同じ人間でありながら、しだいに機械の部品と化してゆく傾向が強いのでありまして、特に理工科方面の専門家の中には、こうした傾向が見られるのであります。

そこでわたくしが、妻としての新しい「内助の功」というのは、こうしたことをつねに頭に入れていて、妻たる人が新聞や雑誌などを読んだ際、「これは主人も知っておく必要があるだろう」と思う事柄については、その切り抜きをするとか、あるいは赤鉛筆で印などをつけて置いて、主人が帰ったらそれを見せるというわけで、こうした事は夫が学者などの場合には、夫のほうから積極的に依頼し、現にそういう奥さんも少なくないようであります。

皆さん、如何です!! いわゆる「内助の功」ということを、このように考えてきますと、妻というものも、何というやり甲斐があり、また張り合いのある仕事ではないでしょうか。つまり、こうした「内助の功」ということになりますと、ある意味では主人以上に、広い物の見方ができなくては出来ない事だからであります。このように考えて来ますと、勿論ごく一部の例外的な場合とは思いますが、時どき耳にする「暇で暇で、何もする事がないので、百貨店へでも行って時間つぶしをする」などという、ふやけ切った女の人に対しては、わたくしは、実に気の毒と思うのであります。何となればそういう人びとは、この地上に人間として二度とない「生」をうけながら、この「人生をいかに生きるべきか」という事を知らない憐れな人たちだからであります。実さい、以上のように考えて来ましたら、㈠主婦として家事を充実させ、また㈡母として子どもたちを一人一人リッパな人間に育て上げ、㈢そして妻として夫の仕事に対し、間接的ながら「内助の功」によって、背後から協力することができたとしたら、女性としていかに充実した人生となることでしょう。暇で退屈どころか、それこそ五分間といえども、退屈などしている暇のない、充実し緊張した人生となるわけであります。

第二四講 ―― 共かせぎの問題

今日も名児耶先生は、道服姿でお越しになり、校長先生の先導で入室。やがて壇上に立たれて一礼の後、今日のテーマと、次のような八木重吉の詩をお書きになった。

八木　重吉

○
草を　ふみしだいて　ゆくと
秋が　そっと　てのひらをひらいて
わたしを　てのひらへ　のせ
その胸のあたりへ
かざってくださるような　きがしてくる

○
かなしみを
しきものにして
しじゅう　すわってると
かなしみの　ないような
いいかおに　なってくる
わたしのかおが

○
もえなければ
かがやかない
かがやかなければ
あたりは　うつくしくはない
わたしが　死ななければ
せかいは　うつくしくはない

○
わたしは　キリストを　しんずる
しかしながら
わたし　自らが
乞食のように　なって
それで　うれしい日がくるまでは
たからかに　さけべない

今日ご紹介する四つの詩も、みな○印ばかりで、題名のない処を見ますと、一切の限定をさけて、深い円熟した詩境を詠んだものばかりといってよいようです。

さて、最初の詩ですが、これは秋という季節感が、やがて深められて神と融《と》け合う一境を、詩として表現したものといえましょう。すなわち、秋がその手のひらを開いてそこへ自分をのせ、そしてその胸のあたりへ、自分を飾ってくれているような感じがして来た――というのですから、秋と神とが、一処に融け合ったものとして感受せられるのでしょう。

次の詩は、悲しみの情をこらえて暮らしていると、いつしか顔までが、悲しみが消えたような顔になってくる――といっているわけです。つまりは、悲しみというものも、それをこらえていると、いつしか消えてゆくものだということでしょう。

次の詩は、さらに大した詩ですね。物もいのちも燃えなければ輝かず、そして輝かなければ周囲を照らすことは出来ない。同時にそれは、結局自分自身が死ななければ、周囲(世界)を美しくすることはできない――というわけで、まったく信仰の極致を表現したものといってよいでしょう。

そして、重吉の信仰をさらに具体的に打ち出しているのが、最後の詩といってよいでしょう。つまりかれによれば、真にキリストを信じるということは、そのために自分は乞食のようになっても、心からそれがうれしいようでなければ、真にキリストを信じている――という資格はないと思う、というているわけですから、まことに及び難い心境です。

前回には、「妻としての責任」と題して、新しい「内助の功」についてお話いたしましたが、それは男女が結婚して、一つの家庭をもつようになりますと、実際問題としては、男女のうちどちらか一方は職業について働き、他の一人はわが家に留まって、家を治めるというのが、自ずからなる分担でありまして、その際、外に出て働くのはふつうは男子ですが、時に例外的なケースとして、女性のほうが対外的折衝の正面に立つ場合もないではなく、そしてそうした際には、男のほうが内を治めるわけですが、しかしそういうケースは、比率としてはごく少なくて、稀《まれ》だということを申したのであります。

ところが現在では、以上の二つのいずれでもなくて、夫妻共に外に出て働くという家が、かなり多くなって来たようであります。しかしながら、これには相当ムリな点がありますから、よほど慎重に、あらゆる面からよく考えねばならぬと思うのであります。それゆえ今日は、とくにこの「共稼ぎ問題」について、考えてみたいと思います。もっとも一口に「共稼ぎ」といっても、実際は色いろな場合があって、一概には片づけられぬわけですが、しかし現在一ばん多いのは、㈠夫妻が、それぞれ外に出て働き、㈡しかもその働く職場が全く違っている場合が、大方だといってよいでしょう。すなわちそれは、夫妻共にサラリーマンだという場合でありまして、今日「共稼ぎ」といえば、すべてこの場合を意味すると考えられているようですが、しかし「共稼ぎ」は、必ずしも、こうした場合のみではないともいえましょう。

試みにそうした一例として、農家の場合を考えてみますと、農家の場合には、夫婦は一しょに田畑へ出て、同じ仕事を一しょに協力してするわけですから、「夫婦共稼ぎ」としては、一ばん理想に近い形態といってよいでしょう。しかしこの場合でさえ問題となるのは、子どもの事ですが、しかし祖父母・夫婦・孫という三代が、同じ家に住んでいるのが大方といってよいわが国の農家では、子どもの事は老人夫婦が引き受けてくれますので、いわゆる「カギッ子」問題というものは、農家では、なくてすんで来たのであります。いわんやまだ学齢に達しない子どもの場合には、子どももまた一しょに田畑へ連れて行って、田畑の隅で遊ばせていたというような牧歌的な時代も、かつてはわが国の農村にもあったわけですが、こうした牧歌的な情景は、今やわが国の農村から次第にその姿を消しつつあるのであります。

以上述べたように「夫婦共稼ぎ」といいましても、夫婦共に他人に雇われて使われるのではなくて、夫婦共に同一の場処で、互いに助け合って働く農村の場合には、子どもの問題をしばらくカッコに入れるとすれば、ある意味では理想に近い労働形態ともいえましょう。では、それ以外はということになりますと、ある種の商売などもそうといえるわけですが、しかしすべての商売がそうでないばかりか、そういう場合は、商売のうちでも比較的に少ないようであります。唯、八百屋とか理髪店などはそうでありまして、「共稼ぎ」としては、比較的ムリのないケースといってよいでしょう。現に漁業などというものになりますと、仕事の性質上、ほとんど「共稼ぎ」とはいえないのであります。

このように考えて来ますと、現在問題となりだした共稼ぎというのは、ごく最近に到るまでは意外に少なかったといってよいでしょう。しかるに近ごろでは、社会組織の大きな変化のために、サラリーマン階層の間に、共稼ぎ夫婦が急激に増加しつつあるのでありまして、これはわが国の社会にとって、きわめて重視すべき問題と思うのであります。

では何故そうかと申しますと、その場合には、(一)夫婦が共に家を外にして働きに出るのであり、(二)しかもその場合、働く場処も違えば、(三)また、働く仕事も違うわけでありまして、これを先に挙げた農家において夫婦が一しょに出かけて行き、わが家の田畑で同一の仕事を、互いに協力し助け合ってするのとは、まさに雲泥の相違があるといってよいわけです。いわんや、現在急激に増加しつつある「共稼ぎ」は、農家のように独立営業ではなくて、夫妻がそれぞれ違った処で他人に雇われているわけですから、時間上の拘束もきびしくて、農家のような自由は利かないわけであります。さらに申せば、男は自分の妻とは別のところで、時には他人の妻と一しょに働き、また妻のほうも、自分の主人とは別になって、他の男子の下で働くというわけでありまして、このように考えて来ますと、現在の「共稼ぎ」というものが、いかに自然の状態から離れたものかということが、お分りになりましょう。いわんやそれが核家族の場合ですと、そうして夫婦が別々に外で雇われている間、だれも子どもたちの相手になってくれるものはないわけで、いわゆる「カギッ子」として放置せられるのであります。

このように考えて来ますと、「夫婦共稼ぎ」という問題は、夫婦生活の在り方としては、かなり不自然なものだということが、どなたにもお分りになりましょう。ところで皆さん方の多くは、みな戦後の教育を受けた為に、いずれも自我中心的、ないしは自我拡大主義的な考え方となり、そのために「女性も何か仕事をしなければ、人生の生き甲斐がない」というふうな、一種の漠然とした憬《あこが》れを持っている人が多いかと思います。しかしながら、女性が外に出て働くという場合、独身時代の数年間はともかくも、そうでなくて、それを永く続けねばならぬということになりますと、結局先にわたくしの申したような形態での、「共稼ぎ」になる他ないのであります。わたくしなどから考えますと、こうした不自然な夫婦生活に対して、どうしてそんなに若い人たちが憬れるのか、不思議なくらいであります。

それというのも、戦後の男女一律の自我中心主義的な教育のために、先に申すような「男女共稼ぎ」

の現実のもつ冷厳な実態を知らないで、いわば一種の観念的な憬れとして、心中に想い描いているとしか思われないのであります。ですから学校を卒業して、二、三年も職についてみますと、女性が外で働くということが、いかに大きな負担であって、かつて学生時代に考えていたような楽な仕事でないことが、次第に分り出すと共に、そのうちに結婚しますと、それが家庭生活と、いかに両立し難いかということが、次第に分ってくるのであります。とくにそのうちに、子どもが生まれますと、いよいよそれが深刻に分ってきて、女教師というような特別に恵まれた仕事ででもない限り、――女教師の待遇は、あらゆる点で男子と同じですから――辞めて家庭にもどる人が多いわけであります。

さて、以上述べた以外に、「共稼ぎ」といわれているほとんどは、夫婦がいずれもサラリーマンとして、それぞれ他人《ひと》に雇われている場合でありまして、もしそうでなくて、夫婦が共に他人《ひと》にやとわれず、独立している場合の「共稼ぎ」は、もう他にはないかと考えてみますと、その一つはお医者でしょう。つまり主人だけでなくて、奥さんも女医として一しょに働くという場合でありますが、この場合は、もちろんサラリーマンとしての「共稼ぎ」とは違って、他人《ひと》に使われる身分ではありませんので、自由な気分で働くことのできる点は、農家の場合と似ているといえましょう。しかもこの場合には、農業のように家を外にして働くのではありませんから、その点からいっても大へん恵まれているわけですが、しかしそれだけに女医になるということは、まことに容易なことではないのであります。つまり何時も申すように「世の中に両方良いことはメッタにない」わけであります。では女医以外に何かないかと考えてみますと、主人とは別に奥さん自身が、自分で店をやるという場合でありまして、この場合は仕事が主人の仕事とは別になりますが、しかし他人《ひと》に使われるのでなくて、自分で独立している処に、いわゆる「共稼ぎ」夫婦とは、多少趣の違った処があるわけであります。では何処に相違点があるかといえば、それは仕事の上では、けっして気ままな自由は許されませんが、しかし気分の上では、何といっても自由な処がありましょう。しかしこの場合にも、「両方良いことはない」という鉄則は免れないのでありまして、それは第一に、営業上の苦心が容易でないわけで、そうした点からは、むしろ人にやとわれているほうが、はるかに気は楽だというわけであります。しかも独立して商売をするとなりますと、資本もいれば、第一本人にそれだけの商才を必要とするわけであります。

以上わたくしは、皆さん方のように若い娘さんたちの憬れを察して、何とかして女の人でも仕事のやれるようにと、色いろな角度から「共稼ぎ」問題について考えてみたわけですが、すでに皆さん方にもお分りのように、これは非常にむつかしい問題でありまして、けっして皆さん方が現在憬れていられるような楽なものではないということが、お分りになられたかと思います。

しかし以上申しただけでは、実は「共稼ぎ」問題における真の問題点については、まだ十分に触れてはいないのでありまして、「共稼ぎ」の場合もっとも困るのは、実は子どもの問題なのであります。つまり夫婦が外へ出て働くために、子どもが全く放ったらかしになるということでありまして、いわゆる「カギッ子」問題というのがそれであります。つまり両親が共に外で働いているために、子どもたちは幼稚園や学校から帰っても、家はガランドウで空き家同然などころか、家にカギが掛っていて、内へ入ることさえ出来ない場合が多いのです。つまり子どもたちは、完全にわが家から締め出しを喰わされるわけであります。そして、まるで紙クズが風に吹きさらされるように、わが家の前に立ちながら、中へ入れない子どもたちは、処定めず散ってゆくという憐れさであります。ですから、やがて非行に走るというのは、むしろ当然といってよいほどであります。それにしても、それらの子らの母親たちは、どうしてそういうわが子の気持ちが分らないのでしょうか。

しかし、たとえ家の戸は閉められていなくても、子どもたちが学校から帰って、わが家に母親の姿が見えぬという事ほど、子どもたちにとって、寂しくも物足りない気持ちのすることはないでしょう。その場合、祖父母がいて迎えてくれれば、多少の慰めにはなりましょうが、しかし母親のようでないのは当然です。いわんやお手伝いさんとか、家政婦などにおいてをやであります。否、そのお手伝いさんさえ、現在のわが国では、これを求めること実に容易ではないのであります。

さて、以上のように考えて来ますと、「夫婦共稼ぎ」ということは、よほど止むを得ない場合の他は、非常に考えものだということがお分りでしょう。そしてここに、「考えものだ」というのは、なるほどそれによって得られるプラスの面は、お金という実にハッキリし過ぎるほどハッキリしたものですが、しかしいつも申すように、「世の中に両方良いことはない」のですから、そこには必ずやマイナスがあるわけであり、そしてそのマイナスは、体を痛めるとか、その他いろいろあるにしても、結局その致命的なマイナスは、わが子の上に現れるわけでありまして、これはたとえ祖父母がいた場合でさえ、全然ないとは言えないことを思いますと、いわゆる「共稼ぎ」問題というものは、万止むを得ない場合以外は、避けるのが賢明だということになりましょう。そしてかりに、もし許される場合があるとしたら、それは、聡明でしかも心の暖かいリッパな祖父母がいて、心からの支持と協力とが得られる場合でありまして、そうした場合のみが、比較的弊害の少ない唯一の例外的な場合といってよいでしょう。

第二五講――特殊の才能をもつ女性に

今日も名児耶先生は、道服姿でお越しになり、校長先生の案内でご入室。やがて壇上に立って一礼の後、今日のテーマと、次のような八木重吉の詩を書かれた。

八木　重吉

○

みにくい　ものは
てぢかに　みえる
うつくしい　ものは
はるかに　みえる

○

うつくしい　ものは　かすかだ
うつくしい　野のすえも
うつくしい　かんがえの　すえも
すべては　ふっと　きえてゆく

ある時

いつの　じぶんからか
いろいろな　ものを
いいことでも　気持ちわるいことでも
掌《て》のうえへ　まるくもってるような
きがしてきた

断　章

天に
神さまが　おいでなさると　かんがえた
むかしのひとは　えらい

今日の四つの詩のうち、先の二つは○印で、後二つには題がついています。そして○印のほうが、表現が円熟していますから、後で出来たのかも知れません。しかし今のわたくしには、そのような詮索をする気持ちはありません。

ところで、最初の詩ですが、この詩で重吉が、醜いものは手近に見え、美しいものは、はるかに見える――といっていることは、深くて鋭い考察ですね。否、考察というよりも、深い内省から来ることでしょう。

そして次の詩は、それとの関連において、美しいものの幽《かそ》けさと、さらには果《は》かなさを歎いていますが、これなども、この人の深い内省といってよいでしょう。とくに注意すべきは、「美しい考え」の果かなさを歎いている点は、深い内省から出ているでしょう。実際わたくしどもでも、時に美しいリッパなことを考えないわけではありませんが、しかしそれが実現せられることは少なくて、やがては果かなく消えてゆく場合が大方だといってよいでしょう。

さて次の詩には、「ある時」という題がついていますが、善いことでも気持ちの悪いことでも、いつしか掌の上に丸く持っているような気がして来る――というのは、それらと親しむことが出来るようになって来た――とでもいうのでしょうか。大した心境ですね。

そして最後の詩は、「断章」という題がついていますが、これは「無題」というにやや近いといってもよいでしょう。同時に、この時に詠まれている内容は、前にもこれに似た詩をかかげたこともありますが、八木重吉という詩人を知る上で、大事な思想だと思われますので、重複をいとわず、もう一度出してみた次第です。

前回にはわたくしは、「共稼ぎ」の問題をとり上げて、これを色いろなケースについて、それぞれ考えてみたのであります。もっともわたくしには、最初から結論の見通しはついていましたが、しかし最初から結論を打ち出したのでは、わかい皆さん方には受け入れにくいだろうと思いまして、女性の働いている場合を、できるだけ多く列挙して、それらについて一々その長所と短所とを挙げて、皆さん方のご参考に供したのであります。

では何故わたくしは、このように煩わしいほどのことを敢えてしたかと申しますと、それはたびたび申すように、皆さん方は戦後の教育によって、すべての事を、男子と同じように考えるくせがついていて、そのために、女子も男子と同じように職業につくのが当然だ、と考えるような気持ちが、いつとはなしに、頭に染み込んでいる人が多いように思われるからであります。しかし、前回お話したことによってもお分りのように、女性が結婚後も引きつづき職業につくということは、決して現在娘時代の皆さん方が考えていられるような、たやすいことでないのであります。いつも申すように、「世の中に両方良いことは、メッタにない」のでありまして、なるほど収入の面からは多くなりましても、必ずや他の面において、見えないマイナスが生じるのでありまして、そこには、金銭によっては埋めることの出来ない、大きな欠損が出来るわけであります。そしてその中心となるものこそ、他ならぬわが子の非行化、ないしは非行化への傾向といってよいでしょう。

ところが、これまでわたくしの話を聞かれた皆さん方は、どうもわたくしという人間は、頭の旧《ふる》い人間で、女性が自由に自分の天分を発揮することに対しては、頭から反対で、そういうことにはてんで理解のない人間だと、大ていの皆さん方はお考えだろうと思うのであります。そしてそれも一おうムリのないことと思うのであります。

しかしながら、真実の処を申しますと、わたくしは決してそのような分らず屋ではないつもりです。もっとも、わたくし自身がこう言ったんでは、皆さん方としては、どうも納得しにくいのもごムリはありません。しかしながら、わたくし自身は、必ずしもそうとは思わないのでありまして、それにはわたくしとしても、多少の根拠がないわけではありません。ではどういうことかと申しますと、わたくしは女性といえども、真に才能を持つ人でしたら、大いにそれを発揮し、実現するがよいと考えている人間だからであります。そしてそのような女性の出現は、男の場合とくらべると、三倍も五倍も、否、時には十倍以上も、その意義があると考えているのであります。何となれば、男の場合には、自分の個性を発揮するということは当然のことでありまして、男でありながら何ら個性的な特徴を持っていない人間というものは、極端にいったら、存在意義がないといってもよいほどだからであります。ところが女性の場合には、個性を発揮する人というのは、非常に少ないわけですから、それだけ稀少価値があるわけです。

しかし、このように申しましても、なお皆さん方の中には、どうもわたくしの申すことが、ハッキリとうなずけない人が多いのではないでしょうか。そしてそれは、前回の「共稼ぎ」の処で申したように、一般的には外で働くのは男の任務であって、女性はヤハリ家を治めるのが本当であり、かつ幸せでもあると言っていながら、そうかと思えばここでは、先ほど来、急に女性が個性を発揮するのは稀少価値だから、同じ程度の仕事でも、男とくらべたら何層倍というほどネウチがあるなどといったりして、一体どちらが本当の考えなのか分らぬ、というふうにお考えの人が多かろうと思うのであります。そして皆さん方の年齢としては、それも一応ムリからぬものがあろうかと思うのであります。

しかしながら、以上申すように、㈠一方からは、女性は一般論としては、ヤハリ家を治めるのが本当であり、随《したが》ってまたそのほうが概して幸せだということと、㈡女性で個性を発揮すれば、同じ程度の仕事でも稀少価値だから、男性の何倍というほどの価値がある――という、以上二つの見解は、わたくしとしては、全くその通りに考えているわけですが、しかしこう申しても、まだ皆さん方としては、どうも納得がゆかないでしょう。それというのも、あなた方には、これら二つの考え方は、まったく正反対の矛盾した考えのように思われましょうが、実はそうではなくて、根本的には同一の考え方の表裏の両面といってよいのであります。そしてあなた方にこの点を分って頂くためには、わたくしとしては、第二項の次に、ひとつの但し書きをつけなければ、皆さん方に納得して頂けまいと思うのであります。ところでその但し書きというのは、「但し女性が真に個性発揮の道へ進もうとしたら、結局は独身を覚悟しなければなるまい」というのでありまして、これでわたくしとして申すべきことは、すべて申したわけであります。

同時にここまで申しますと、皆さん方としても、わたくしの考えに賛成するか否かは別として、もはやわたくしの考えがあいまいだとは思われないでしょう。つまり現実というものは、それだけ厳しいわけであります。では一歩をすすめて、何ゆえ女性は個性を発揮するのに、男性と違って、独身を覚悟しなければならぬのでしょうか。「男女同権」という原則を、単に形式的に考える立場からは、このような点の説明は出て来ないわけでありまして、それには男女の性別からくる両性のうけもちの相違という問題を、現実のあらゆる面から遺漏なく検討するでなければ、この問題は解けないと思うのであります。

今この点を、試みに概括的に申してみますと、男というものは、前にも申すように、何らかの意味で個性的な特徴をもたない人は、極言すればその存在意義は無いともいえるほどであります。同時に、女性の場合には、少なくとも、自分の個性を徹底的に発揮しようとしたら、――それ自身は前にも申すように、稀少価値としてひじょうに意味があるとは思いますが――現実の問題としては、独身を覚悟しなければ、結局は中途半端なことに終ると思うのであります。ところが、このように申しますと皆さん方は、「しかしそれでは不公平ではないか」とか、または「それは男性のエゴなんでしょう」とか、いわれましょうが、もしそれを不公平というとしたら、その根本責任は、造物主にあるわけでありまして、必ずしも男性自身による不公平とはいえないでしょう。では何ゆえ造物主は、そのようなことをしたかと申しますと、人間は男女それぞれに、その役目の違っている処が面白いのであって、もし男も女も、すべてが同じだったとしたら、世の中はひじょうに単調な、無味乾燥なものとなることでしょう。

以上を要するに、もし男を鋭角三角形にたとえるとすれば、女は円でありまして、男の特徴は、その個性的な鋭さにあるとすれば、女の特徴は、円のようにすべてを包容する処にあるといえましょう。言いかえれば、男性の鋭さを包容しながら、しかもやがては、鋭い個性的な男性を生み出してゆく処に、女性に特有な「天」による分担があるわけであります。しかるにこのような点を考えないで、ただ形式的に「男女同権」とか「男女共学」ということのみに囚われますと、第一女性自身が不幸なばかりか、男性もまた不幸となるわけであります。というのも、それでは男女いずれの側からいっても、平板で特徴のないものになってしまうからであります。

そこで前にも申すように、皆さん方の場合、もしほんとうに個性を発揮したいとお考えでしたら、独身を覚悟して、男に負けないようにやって頂きたいのであります。でも、ここまで言っても、まだあなた方の中には、個性を発揮するのに、どうして女だけが独身を覚悟しなければならぬのかと、まだ心の隅にくすぶっているものがないではないでしょう。そこでそういう方に申しますが、男は幾度も申してきたように、もともと造物主から、個性を発揮するように造られているのであって、もしそうでなければ、その存在意義が無いように造られていますから、男の場合には、個性の発揮ということは、それほど困難なむつかしいことではないのであります。ところが女性の場合には、もともと個性を発揮するようには造られていないのですから、そこで、個性を発揮するように造られている男性に対して、負けないようにするには、真に容易なことではなく、随って独身を覚悟して取り組むのでなければ、結局は中途半端に終る恐れがあるといってよいわけです。

しかし念のために申し上げておきますが、わたくしの申すのは、「独身を覚悟して——」ということであって、必ずしも「独身主義でなければならぬ」と申しているわけではないのであります。ということは、もし適当な配偶者があれば、結婚してはイカヌというわけではありません。ただし念のために申すとすれば、わたくしがここで「適当な配偶者」というのは、必ずしも「理想的な配偶者」という意味ではないのであります。否、さらに念のために申し添えるとすれば、ここでわたくしが「適当な配偶者」

というのは、すべての女性の憬れの的となるような「スバラシイ男性」という意味ではなくて、むしろその逆といってよいのです。という意味は、女性でありながら、あくまで個性を発揮したいというような、いわば例外的な女性を好いて、自分の個性の発揮を犠牲にしてまで、妻の個性の発揮に協力し、さらにはそれに生涯奉仕してくれるような男性というわけであります。随ってそういう男性は、男の中では、どちらかといえば、多少風変りな存在と考えたらよいでしょう。こうしたわけで、わたくしが先に「適当な配偶者が現れたら――」と言ったのは、必ずしもすべての女性から見て、「理想的な男性」というような意味で申しているのではないのであります。ですから、結局どちらも「変り者同士」の夫婦というわけであります。それというのも、女性でありながら、独身覚悟で、個性の発揮と取り組もうというのは、女の中では変り者といってよいでしょうし、また男のほうも、広い世間にはたくさんの女がいるのに、選びに選んで、そういう変り者の女性と結婚して、そのために自分の個性発揮を犠牲にしても、女性のために尽くそうとするのですから、これまた世間的には変り者といってよいでしょう。

しかしながら、以上わたくしの申したのは、あくまでも一般論的な立場から申したことでありまして、広い世間には、多少の例外はあるわけであります。ただそういう一部の例外的なケースに引っ掛っては、一般的な真理を考えるわけに参りませんので、つい例外的な場合については申さないだけであります。たとえば最近の一例をあげるとすれば、例の女優だった司葉子さんが、政府の上層官僚の一人と結婚しましたが、それは司さんの家柄が良くて――わたくしはその本家に何度も泊めて頂いていますから良く知っているわけですが――その人柄もリッパだからでしょう。そして夫になった人も、奥さんの出演には理解をもち、承認しているといわれていますが、しかしわたくしの見るところでは、ヤハリ後半の女優としての大成は、おそらく断念することになりましょう。結婚というものは、そうしたきびしいものなのであります。

最後にもう一つご参考までに申すとすれば、何か一つの専門をもっている女性が、もし結婚するとしたら、同じ種類の仕事をしている男性と結婚した場合、互いに理解があって良さそうですが、結果は必ずしもそうとはいえないばかりか、概してうまくいかない場合のほうが多いようであります。これは単に芸能人などの場合だけではなく、画家とか小説家などの場合も、大たいそのようであります。ではそれは一たい何故でしょうか。しかしこれは、わたくしがお答えしないで、ひとつ皆さん方ご自身で考えて頂くことにいたしましょう。一つくらいは解答の留保があるのも面白いではないでしょうか。何ですか？　何かヒントを　といわれるのですか。では、ヒントだけは申すことにしましょう。それは夫婦が同じ仕事をしている場合には、概して夫のほうがパッとしなくなる場合が多いらしいということです。勿論これにも例外はありましょうが――。（一同大笑）ではこれは一たい何故でしょうか。

第二六講――高群逸枝

今日も名児耶先生は、道服姿でお越しになり、校長先生の先導でご入場。おもむろに壇上に昇られて、今日のテーマと、次のような八木重吉の詩をお書きになられた。

(1)　お湯へはいろう　　　　八木　重吉

お湯へはいろう
すこし
ひとりごとでも　いいながら
はいってやろう
からだも　お湯も　うれしかろう

(2)　歩きたくなる

むやみと
歩きたくなる
あるくことが
いちばん　すぐれたことのように
おもえてくる

(3)

いつになったら
すこしも　人をにくめなくなるかしら
わたしと　ひとびととのあいだが
うつくしく　なりきるかしら

(4)　基　督

病気していると
基督の　言ったことに
ひとつも　嘘《うそ》がないと　おもえてくる
にこにこ　しながら
すぐにものを
切り下ろせると　思えてくる

今日も四つの詩をご紹介いたしますが、そのうち先の二つは、明るい詩を選んでみました。それというのも、宗教的な詩というものは、人間の生命のギリギリの境地の表現ですから、かりに明るいといっても、それは、悲しみのドン底をくぐって得られた明るさですから、わかいあなた方に、そのまま親しまれるというものではないわけです。

そうした点からは、(1)の「お湯へはいろう」という詩なんか、何ともいえない明るい詩でしょう。こういう詩を読むと、若い人でも、老人でも、だれだって楽しくならずにはいられませんね。そして、このような処に、詩というものの「功徳」があるといえましょう。

次の詩(2)「歩きたくなる」もいいですね。しかもこの詩の良さは、かくべつ人を引きつけるような詩でもないのに、どこか倦《あ》きがこず、一見平凡な中に、何ともいえぬ目立たない味がありますね。

そこへゆくと、次の詩(3)には、深い内省が端的に打ち出されている点、ヤハリ重吉らしい詩といえましょう。それというのも、われわれ人間の感情というものは、結局は「愛・憎」の情が、その両端をなしているといってよいからです。

そして最後の「基督」という詩は、基督のいのちの一端に触れた詩といってよいでしょう。それにしても、基督に嘘がないということと、ニコニコしながら、すぐにものを切り下ろせるという事とが、ピタリとひとつになって分るということは、わかい皆さん方には、あるいはごムリかも知れないですね。

前回にはわたくしは、特殊な才能をもつ女性に対しては、個性を発揮することを否定しないばかりか、大いに発揮するように、心からねがっている人間だということを申したのであります。しかしそのために、ヤハリどうしても自分はこの道をつらぬかずにはいられない――という、強い決心の必要なことはもとより、さらに一おうは「独身」を覚悟して取り組む必要があろうとも申したのであります。

ところが、このような立場に立って考えますと、明治維新後今日まで百年の間には、色いろとすぐれた女性が出ていますが、しかしそれら無数の女性の中で、わたくしが特に心を引かれる女性が三人あるのであります。では、その三人の女性とは一たいだれかを時代順に申してみますと、最初が、与謝野晶子であり、つぎは平塚らいてうであり、そして第三はだれかと申しますと、それが今日お話しようと思っている、高群逸枝という女性であります。ところが、このうち与謝野晶子については、皆さん方も、少なくとも名前くらいは、知らない人はないでしょう。有名な女流歌人でありまして、夫の与謝野寛も歌人だったので、この点からいっても、ヤハリ例外的な存在といえるわけです。晶子は堺の有名な菓子屋の娘でしたが、やがて与謝野寛の弟子となり、ついに恋愛結婚によって結ばれたのでした。しかし結婚後もさかんに歌を作り、やがて夫の寛よりも有名な歌人になったというわけです。だが戦後の皆さん方にとっては、日露戦争に出征した弟に与えた、あの「君死に給うことなかれ」という詩で教わっていることでしょう。

さて次の平塚らいてうについては、わが国における婦人運動の創始者の一人といってよく、同志の婦人たちと一しょに「青踏」という進歩的な女性雑誌を創刊して、大いに婦人解放運動を進めた点で、ヤハリ歴史的な貢献をした人といってよいでしょう。そしてこの人も、奥村博史という年下の画家と結婚したのでしたが、幸いにして晩年まで、一おう幸福だったようであります。

ところで、今日これからわたくしが述べようと思うこの高群逸枝という人になりますと、おそらくこの人の名を知っている人は、皆さん方の中には一人もいないといってよいでしょう。でも念のために、ひとつお尋ねしてみますかね。ではこの「高群逸枝」という人の名を聞いたことのある人は、ちょっと手を挙げてみて下さい。(挙手する者一人もなし)そうでしょうね。でもごムリはないですよ。現在のところでは、学問とか思想などの専門家でも、まだこの女《ひと》については知らない人のほうが、はるかに多いといってよいからです。しかしわたくしはこの際、皆さん方に——予言というと少々口幅ったいですが——申しておきますが、今後二、三十年もたったら、この「高群逸枝」という人の名を知らない人は、少なくなると言ってもよいほどになりましょう。つまりそれは、皆さん方が四十歳から五十歳くらいになるころでしょう。

では、この高群逸枝という人は、一体どういう事をした人でしょうか。まず、生まれた処から申しますと、つまり熊本県下の生まれです。ところが肥後には、ご存じのように、有名な活火山の阿蘇山があるでしょう。そこで、肥後の国の人はその影響をうけてか、古来激しいところを持った人が多く生まれているのです。そしてこの高群逸枝という人にも、その内部には激しい情熱が、湛《たた》えられていたのでありまして、そのことは、この人の生前に出した幾冊かの詩集——それらの中には、「日月の上に」という有名な詩集もありますが——によって知ることが出来るのであります。しかしながらこの人は、単なる激情の詩人というだけではなかったのであります。では何によってこの人は、現在すでに一部の心ある人びとから、深くその価値が認識せられているのでしょうか。

ところで、この高群逸枝という人が、一体どんな女性だったかということは、わたくし自身にも、まだそれを皆さん方に十分お伝えするまでの力がないというのが、実は正直なところであります。もっとも、この人のした仕事について、それを外側から、いわばレッテルでも貼るようにご紹介することなら、わたくしにだって、必ずしも出来ないわけではありません。それというのも、この人が将来、明治以後の女性の中で、その名の残る屈指の人だということは、この人が、人生の後半を捧げて完成した、尨大な日本の女性史研究のためだからであります。そしてそれが、如何にすぐれた研究かということは、現在、理論社という書店から、十巻の全集が「高群逸枝全集」として、出されていることによっても窺えましょう。実際、明治以後女性の身で、これほど本格的に学問的な仕事をした人は、他にはその類例がないといってよいでしょう。

しかもそのうえ、さらに注目すべきことは、その選んだ研究テーマであります。それは前にも申したように、「日本女性史」の研究でありまして、この人以前に、これに匹敵《ひってき》するような女性史の本格的な研究をした人は、男の学者を含めても、一人も無いのであります。否、そればかりか、この人ほど本格的かつ根本的な研究をする人は、今後といえども、その出現の見込みは、少なくとも女性の中からは、まずは出ないだろうと思われるほどに、根本的かつ本格的な研究なのであります。

ところが、さらに心を打たれますのは、この高群逸枝という人の学問には、いわゆる師匠《ししょう》とか指導者というものがなかったのでありまして、そういう点からは、この人は文字通り「在野の学者」なのであります。そしてそれは、この人がその学歴からいえば、わずか旧制熊本女子師範の中途退学だけだという点も、その原因の一つと思われます。つまりこの人は、女子大などという処に学んだ人ではないのですが、しかしわたくしの考えでは、単にそのような外的原因からではなくて、むしろより根本的に、この人の「天」から授かった素質が、比類のないほど卓越していたために、その辺のあり来たりの大学教授などという人びとを師と仰いで、その言いなりにはなれないような「不屈の魂」が、その内面深く宿っていたからだと思うのであります。

実際こうした点では、この人の「招婿婚《しょうせいこん》」の歴史的研究などは、明治以後稀有《けう》の碩学といわれ、わが国の民俗学の始祖である柳田国男とも、ある点については根本的に見解を異にしているのでありまして、わたくしなど歴史学については、全くズブの素人ですが、そうした素人ながらも、碩学といわれている柳田国男の研究よりも、少なくともこの「招婿婚」に関するかぎり、どうも高群逸枝説のほうに、手をあげるか投票したいような気がするのであります。つまりそれほど独創的な創見に充ちた研究なのであります。

ちなみに、この「招婿婚」に関する学説というのは、わたくしなど素人には、詳しいことはよく分りませんが、むかしの日本人は、結婚しても現在のように、女のほうが男の家へ行くのではなくて、逆に男のほうが女の家へ通ったものだということを、たくさんの古い難解な書物を読んで、一々それを実証したのでありまして、そのために高群逸枝は、三十代の半ば過ぎごろから、本格的に取り組み出してから、一おうの完成を見るまでに、三十何年という永い歳月を、この日本女性史の研究のために捧げたのでありまして、そこには全く日本人放れした趣があるともいえましょう。つまりそれほどまでにこの人は、自分の研究の日本女性史に打ち込んだのであります。

だが、単にこのように申しただけでは、皆さん方は、定めしこの女《ひと》を、どうも冷たくて血の通わない学者臭い女性を連想して、とても好きになんかなれないでしょう。それというのも、学者と呼ばれるような人は、男でさえとかく冷たい理屈を並べて、あまり好きになれないのに、いわんや女の身で、融通の利かない学者なんて、真ッ平ご免だと思う人が大方でしょう。そしてそういう点ではわたくしも、皆さん方とまったく同意見ですが、しかしこの高群逸枝という人だけは、大よそそういう石頭の人間ではないのです。それどころか、最初の辺でも申したように、この人はその人生を詩人としてスタートした人なんですからね。そしてそれが、次第に女性としての自己に目覚めることによって、さらに遡って、女性史の研究に没頭するようになったのであります。ですから「学者」といっても、ふつうの学者とはまったく人種が違うといってもよいほどです。またそれ故にこそ、あのような卓《すぐ》れた前人未踏の、独創的な研究もできたのでしょう。

しかしながら、わたくしがこの人を好きだというのは、単に以上のべただけではないのであります。実際わたくしは、先に挙げた明治以後の三人の代表的な女性の中でも、この女《ひと》が一ばん好きなのでありますます。なるほどわたくしも、与謝野晶子は好きなほうですし、また平塚らいてうにしても、決して嫌いというわけではありません。しかしわたくしが、この高群逸枝という人の好きさ加減は、まったく段が違うのであります。

そこで、このように申しますと皆さん方は、「では一たい何故わたくしは、この人がそんなに好きなのか」と、不思議に思われることでしょう。そしてそれもムリのない話でありまして、実はかくいうわたくし自身にも、ナゼこんなにこの人に心を引かれるのか、われながら不思議なくらいですから、皆さん方にその理由がお分りにならぬのは、むしろ当然といってよいでしょう。しかしながら、単にこのように申しただけでは、トント見当さえつかないでしょうから、しいて一言するとすれば、この高群逸枝という人には、どこか「神秘的」な或るものが、その魂の奥底深く秘められていたように思われるのであります。そしてそれは、時には一種の「妖気」とでもいうような気配さえも漂わせていたらしいのであります。というのも、この人はその娘時代に、四国の八十八カ所の巡礼をしているのですが、その時この人のお伴をして随行したある老人は、この人を「観音菩薩」の化身《けしん》だと信じ切って、心から尊敬してつき従ったのであります。

だがこれは、何もこの老人だけではなくて、実はこの人のご主人の橋本憲三という人も、実は、そうした考えを持っていられるようであります。もっとも、夫婦という間柄だったために、橋本さんがこのように、高群さんの内なる本質に、真に目覚められるには、かなり永い歳月を要したようですが、しかしやがてこの点が、真に分るようになられますと、ご主人の橋本さんは、それ以前のまるで暴君的な亭主から、文字通り一八〇度転回して、ご自身の全努力を、奥さんにあたるこの高群逸枝の研究のために捧げられたのでありまして、それは全く涙ぐましいというか、真に頭の下がる根本的な転換だったのであります。おそらく、如何に忠実な助手といえども、ご主人の橋本さんほどに、心をこめてこの高群逸枝を助けた人は、絶対にないといってよいでしょう。実際三十幾年という永い間、一切の訪問客を断って——女性史の研究に没頭するまでは、ずいぶん華やかにジャーナリズムの上に活躍された人なのに

――毎日十時間以上も研究に没頭できたのも、その背後には、こうした夫君の橋本憲三さんの隠れた献身的な奉仕があったればこそであります。

ちなみに、高群逸枝はすでに、昭和三十九年六月七日、七十歳で亡くなったのでありますが、夫君の橋本憲三氏は、今なおご存命で、現在はあの水俣病で有名になった、故里の水俣市に帰っていられるのであります。わたくしは、去る昭和四十六年五月三日にお訪ねし、幸いにしてお目にかかれてお話を伺うことができました。

以上、不世出《ふせいしゅつ》の詩人にして、学者であり、かつ「神秘の女性」ともいうべき、この稀有の女性の紹介としては、まことに不十分なものでしたが、もし皆さん方の中で、この高群逸枝という偉大な女性に対して、関心をおもちの方があったら、さしあたり、この人の「自伝」というべき「火の国の女の日記」（上下）が、最近、講談社文庫の中に入って刊行されましたから、まずこの辺から読み始められるのがよくはないかと思います。そして一たん読み始めたら、どんな人でも、たちまちグングンと引きこまれて、この部厚い二冊の「自伝」を一気に読み通したあげく、おそらく一人残らずの人が、わたくしと同様、大の「高群逸枝ファン」になり、そのとりこになってしまうことでしょう。

第二七講――未亡人について

今日も名児耶先生は、道服姿でお越しになり、校長先生の先導でご入室の後、おもむろに登壇、一礼の後、今日のテーマと、次のような八木重吉の詩をお書きになった。

(1) 松葉　　　　八木　重吉

まつばが　こぼれていた
この松葉を　もっていって
ならべよう

(2) 花

にこにこ
遊びたくなった
ひとつ　花をください
もって　あそぶんです

(3) 本当のもの

どうしても　わからなく　なると
さびしくて　しかたなく　なると
さびしさのなかへ　掌《てのひら》をいれ
本当のものに
そっと　さわってみたくなる

(4) ゆるし

神のごとく　ゆるしたい
ひとが投ぐる　にくしみを
むねにあたため
花のように　なったらば
神のまえに　ささげたい

今日も四つの詩をご紹介するわけですが、そのうち先の二つは、どちらかといえば明るい詩で、後の二つは宗教的な詩といってよいでしょう。しかし、こうはいっても、同じ一人の人のつくった詩ですから、その根本を流れているいのちは、もちろん同じなわけです。

さて、初めの「松葉」という詩は、見ようによっては、明るくなんかなくて、寂しい詩ともいえましょう。とくに皆さん方のような、若い方にはそうでしょう。ですから、もしこの詩を「明るい詩」というとしたら、「寂しさの中に見られる幽《かす》かな明るさ」とでもいうべきものでしょう。しかしとにかく、幽かながら、一種の明るさが、わたくしには感じられるのです。

ところが、次の「花」という詩になりますと、明るさが全面的に打ち出されていますね。「ニコニコと遊びたくなった」と、のっけからいい、さらに「花を下さい。持って遊ぶんです」といっている処など、まるで小さな子どものような、童心の明るさといってよいでしょう。

ところが、次の「本当のもの」という詩になりますと、一転して宗教的な世界になりますね。寂しくて仕方がなくなると、寂しさの中へ掌を入れて、本当のものに、ソッと触ってみる――といっていますね。そしてそれによっても分ることは、真に「本当のもの」というものは、「寂しさ」の底に秘められているものなんでしょう。

そしてその気持ちは、次の「ゆるし」という詩になると、さらに一だんと深められているといえましょう。他人の投げつけた憎しみも、それをこちらが胸で暖めていると、いつしか花のように開くというのでしょう。そうなれば、それはもはや、神の前に捧げるといっているのと同じといえましょう。

前々回でしたかわたくしは、特殊な才能をもった女性は、それを一たいどう生かしたらよいかという問題について、色いろな場合を挙げて考えると共に、さらに引続いて前回には、そうした立場から考えてみて、明治以後の女性の中で、女性としてもっとも顕著な生き方をしたと思われる三人のすぐれた女性の名を挙げてみたのでした。すなわち、与謝野晶子、平塚らいてう、および高群逸枝という三人ですが、そのうち前二人については、あるていど一般に知られていますので、最後の、そして一ばんわたくしが心を引かれている、高群逸枝という女性について、一体どんな人であったかという、ホンの粗末な輪廓をご紹介したのであります。実際この高群逸枝という女《ひと》は、現在ではまだホンの一部の人しか、知っていないようですが、しかし最近では一部の女子大生の間にも、ボツボツ熱心な研究者が現われつつあるようですから、今後二、三十年もたったら、現在　晶子やらいてうなどが知られているように、広く国民の間に知られるようになるかと思います。随《したが》ってそうした意味からいえば、前回のわたくしのお話は、現在のところまだ一般的には未封切りのテーマといってもよいでしょう。少なくとも、大学生でない皆さん方への話としては、一おう未封切りといってよかろうと思うのであります。

では何故わたくしが、まだ女子大生でもないあなた方に対して、あの様な話をしたかと申しますと、それは女性が真に自分の個性を発揮するということが、如何に容易ならぬことかということの一端を、あなた方にも知って頂く必要があると考えたからであります。すなわち、女性で自分の個性を十分に発揮し実現するということは、実に容易ならぬことだということ、否、それどころではなく、それが如何に凄壮ともいうべき生涯になるかということの一端を知って頂き、いつまでも夢のような甘い考えに、浮かれていないようにして頂きたいと考えるからであります。

さて以上によって、わたくしの皆さん方へのお話は、不十分ながらあらあら方責任が果たせたかと思っていたのですが、しかしそれは、ヤハリわたくしの誤りであって、なお二、三の重要な問題について申し上げねば、どうも責任解除とはいえそうにないのであります。そしてそのうちの一つは、いわゆる「未亡人」の問題であります。あるいはさらに、それとの関連からして「再婚」の問題も逸するわけにゆくまいと思われます。

そこで今日は、まず未亡人の問題についてお話したいと思いますが、皆さん方は、こうしてわたくしが「未亡人」という文字を板書しても、自分とは全然無関係な事柄としか思われないでしょう。それも皆さん方のようなわかい人々としては、一おう当然であり、少なくともムリのないことだと思うのであります。しかしながら、統計の示すところによりますと、女性百人に対して、そのうち四、五人の人は——時には七、八人ほどの人が——未亡人になるという比率が明らかにされているのであります。そういたしますと、ここに皆さん方が、かりに二五〇名ほどいるとしますと、このうち将来未亡人になる人が、少なくとも十人から、場合によっては二十人前後の人が、将来未亡人になる運命を持っているといってよいわけであります。ただ皆さん方のうち、だれに一たいその白羽の矢が立つかということは、現在のところ、まだ分っていないというだけであります。随って以下わたくしのお話する事柄については、どうぞそのつもりで、「いつ何どき自分も未亡人になるかも知れない」というおつもりで、しっかりとお聞き戴きたいのであります。

さて、むかしから女性に関しては、こういうことが言われています。それは「女にとって一ばん悲しいことは、わが子を死なすことであり、また一ばん困るのは夫に死なれることだ」といわれているようですが、わたくしもナルホドと、心に深く感じるのであります。そのうち、わが子に先立たれることは、われわれ人間にとっては、最深の悲痛事でありまして、それは親を喪《うしな》った以上に、深い悲しみだといわれているのであります。そして同じくわが子を喪《うしな》った悲しみでも、母親のそれは父親以上のようですが、それはヤハリ十カ月という永い期間、わが胎内に宿して、自分と同じ血液がわが子の体の中を廻っていたからでありましょう。

ところが、夫に死なれるという場合は、勿論これも悲しいには相違ありませんが、しかしそれほど悲しいという以上に、むしろ寂しいという方が当りましょう。さらには、「これから一体どうして、この子どもたちを抱えて生きて行けるだろうか」という、深い不安の念におそわれることでしょう。いわんやその場合、子どもがまだ小さい時には、一体これからどうして、これらのガンぜない子どもたちを、育てていったものか――という、深い不安の念と憂慮とが、心の底から、消せども消せども、湧き上ってくるのも、当然といってよいわけです。そしてこの点が、先にも申すように、むかしから「女にとって一ばん悲しいのは、わが子に死なれることであり、また一ばん寂しいのは夫に先立たれることだ」と言われているゆえんであります。

さてそれでは、女のひとが夫に先立たれた場合、真っ先に考えねばならぬことは、一たい何でしょうか。この点についてまず申したいと思うのは、一刻も早くその生活程度を、切り下げるということでしょう。そしてこれは、早ければ早いほど良いのであります。ところが、大ていの未亡人は、世間体《てい》にこだわって、思い切った断行を、ようしないようであります。そして、何か良い仕事でもないかと、あちこち頼み廻っているうちに、わずかな退職金などは、どこかへ消えてゆくのであります。そしてその際、とくに気をつけねばならぬことは、それまで会社の社宅に入れてもらっていた為に、光熱費と水道料ていどの負担金しか出していなかった、というような場合には、思い切って県や市の係りの人にたのんで、一日も早く、母子寮にでも入れてもらうようにするがよいと思います。ところが未亡人の多くは、とかく世間体にこだわって、家賃が安いのをよいことにして、いつまでも社宅に居坐っていますと、会社のほうでは、すでに後任の人が遠方から転任してきて、家の空くのを毎日待っているというわけです。そうしたことも知らずに、いつまでもグズグズと居坐っていますと、これほど亡き夫への恥となることはないわけです。

そこで、主人をなくした未亡人として、真っ先にしなければならぬことは、何よりもまず思い切って、その生活程度を切り下げるということでありまして、こうすることによって、その後の就職に対する腰も自然とすわって、親しい人びとが仕事の世話をするにも、気軽に話が持ち込めるというわけでありま す。

実は、十五、六年も前のことですが、わたくしは、女のひとが主人に亡くなられた場合、いかに困るかということを考えて、そうした場合、一体どうしたらよいかということを、これはと思う人に、十人以上もお尋ねしたことがあるのであります。しかしそれらの人びとのだれ一人からも、「そういう場合にはこうしたがよい」というようなご意見は、聞かれなかったのであります。同時に、この未亡人問題というものが、いかに至難なものかということを、改めてふかく教えられたのであります。ところが、それらの人びとのうちに、戦前中国で大事業をしていて、何十億という財産をつくりながら、戦後丸裸になって内地へ引き揚げて故里に住んでいた人に、この点について意見を伺ったところ、その人は言下に「それは結局貧乏に堪えるということでしょうナ。そしてこの土台がなければ、それ以外のことは、いかに良さそうな話でも、結局はダメなものです」といわれて、わたくしも豁然《かつぜん》として心の眼が開けた思いがしたのであります。

こういうわけで女のひとは、たとえ事前にどんな用意をしておいても――というのは、たとえば如何に貯金をしてみたとて、それで夫の死後、安泰に一家が食って行けるなどということは、絶対に不可能でありまして、それはセイゼイ、夫が亡くなってから自分の仕事が見つかるまでの間の、つなぎになる程度でしかないでしょう。もっとも、実際には、そのつなぎが実に大事なわけですから、その程度の備えをしておくことは、絶対に必要なことで、改めて申すまでもないことでしょう。

そこで、万一の場合を考えて、何か資格をとっておくということは、女のひとにとっては、大事な心がけといってよいと思います。たとえば学校の教師とか、会計士または栄養士、ないしは看護婦等々の資格をとっておくということは、確かに必要であって、それが夫の「死」という人生の最深の悲劇の際に、いかに大きな救いになるかは、改めて申すまでもないことでしょう。そしてこれらの中では、学校の教師は、男子と同待遇ですから一ばん良いわけですが、しかし一度も就職した経験がなかったり、あるいは年齢が過ぎていますと、せっかく資格は持ちながらも、たやすく職につけないという場合のあることも、知っておいてよいでしょう。同時にそういう点では、会計士や栄養士、ないし看護婦などという仕事は、資格さえあれば、就職は比較的容易といってよいでしょう。そしてこうした場合にも、「世の中に両方良いことはない」という真理は、当てはまるわけであります。

それにしても、会社などで、夫の存命中は課長夫人などといわれて、得意になっていても、一たん夫に死なれますと、退職金なども期間が比較的短いために、それほどの額ではなく、その上何らの腕も資格もないということですと、中にはクラブのマダムというような、一種の水商売的な仕事でないと、わが子を食べさせたり、学校へ通わすことの困難な場合も、少なくないといってよいでしょう。ところがそういう点では、八百屋とか理髪店のおかみさんなどの方が、主人に死なれても、子どもたちを食べさせて、ひと通り学校に通わすには、かえって困らないのであります。同時に、それよりさらに手堅いのは、農家の主婦でありまして、ひとりわが子を育てる不安がないばかりか、イザとなったら田畑の一部を売る気にさえなれば、息子を東京の大学に入れることなども、平気なものであります。このように世の中というものは、大きい眼で見ますと、案外公平なものだということがお分りになりましょう。

さて以上で不十分ながらも、一おう未亡人になった場合の、心構えともいうべき事柄について、申してみたわけですが、そこで最後に、これまで触れなかった問題で、一ばん大事なことは何かと申しますと、それは「貞操」に関して、他人はもとよりわが子にも疑念を持たれないように——ということでありまして、万が一この点に関して、たとえかすかにもせよ、疑念を抱かれたとしたら、わが子のためと思ってした如何なる苦労も努力も、すべては水泡に帰するのでありまして、この点については、どんなに力説しても、過ぎるということはないでしょう。

この点について、さらに一言蛇足をつけ加えますと、そのために、かりにわが子を大学へやることが出来なくても、そのほうが、わが子に貞操上の疑念を持たれるより、母子共にどんなに幸せか分らぬと思うのです。つまり、わが子が、せっかく自分は大学を出してもらっても、母親に対して貞操上の疑念を抱くということは、親子ともに、生涯消えることのない不幸といってよいからです。そして女性の聡明さというものは、実はこうした点に対して、その認識がどれほど深く、かつ的確かという一事に、懸っているともいえましょう。

なお未亡人については、以上の他にも、まだ色いろと申すべき事があるかと思いますが、しかし限られた時間の中で、それらの一々を尽すというわけには参りませんので、ここには一つ根本的な点について申し添えることにいたしましょう。それは、女性の真の値打ちは、その人が未亡人になって、初めてハッキリ現れるということでありまして、これは女の人にとっては、真に残酷なコトバとは思いますが、しかしこれは真実だと思うのであります。それというのも、女は夫のある間は、ヤハリ自分というものは正面には出さないで、いわば夫により掛って生きるという面がありますが、一たん未亡人になりますと、この天地の間唯一人という覚悟をきめて、女ながらも凛然として「わが道」を行く他ないのでありまして、そこからして、以上申した様なことも言えるわけであります。

そして最後にわたくしは、世の多くの未亡人になった人びとが、以上わたくしの申して来たような、人生における幾波瀾を、雄々しくも乗り切ったあかつきには、ちょうど怒濤逆巻く荒天に、ついに大洋を無事に乗り切って、かねて心に描いていた港に入ったような、静かな安らぎが恵まれるかと想いますと、深い感慨を禁じえないのであります。

第二八講——再婚の問題

名児耶先生は、今日も校長先生のご案内でご入来。そして小憩の後、おもむろに壇上に立たれて、一礼の後、今日のテーマと共に、次のような八木重吉の詩を書かれた。

春　　　　　　　　　　八木　重吉

二つ合せた　手がみえる

○

神と　ひとつに生き
そして　どこに　怒りがあるか

○

椽側に腹ばい
自らを殺すことを
そっと考えていた

○

死
それよりも　怖ろしいものがある
死に切れぬ　不信だ

○

今日一日を
おしいただけ
明日が
何のかかわりがあろう
昨日が
何になろう

今日は短い詩ですから、五つご紹介することにしました。最初の詩など、ふつうの人には、これが詩だとは、とても考えられないでしょう。ところが、それが八木重吉の場合には、リッパな詩になるんですから、どうも不思議ですね。では、どうしてそういう不思議が成り立つかというと、結局は重吉が、その短い一生を、色いろな苦悩や寂寥、さらに悲哀を通して、ついに宗教的な世界にまでたどり着いたからでしょう。それにしても、ひとりの人間が、「合掌」にまでたどり着くことの、何という長くもきびしい歩みでしょう。

次の詩は、人間はほんとうに神とひとつになったら、怒りの情などというものは無くなって了《しま》うはずなのに、時どき怒れてくるのは、まだ自分が神と一体になっていない証拠だという、深い自省の表現といってよいでしょう。

そして次の詩は、「無題」ともしないほどに、深刻な詩ですね。貧しい生活の中で、不治の病にかかり、そのうえ妻子まである身とて、その絶望的な負担を考えると、実さい死ぬ気になるのもムリはないでしょう。重吉も、何度か自殺したら——と考えたようですが、ついに自殺はしなかったのですね。そして、それは結局、信仰のせいでしょう。

そしてつぎの詩が、端的にそれを語っているといえましょう。つまり、重吉にとっては、死よりも宗教的不信のほうが、堪えられなかったからでしょう。

そして、かれの行き着いた心境を、もっとも端的明白に打ち出したのが最後の詩であって、これはある意味では、重吉の——そしてまた万人にとっても——人間の宗教的「信」の極致を表現したものといってよいでしょう。

さて前回には、わたくしは「未亡人」の問題をとり上げて、自分の考えのあらましを申し上げたわけですが、その際にも申したように、女性としては、夫に死なれるということは、この世における最大の試練といってよいわけです。随《したが》って、前回の終りの辺で申したことですが、一人の女性の真価は、実はその人が未亡人になって、はじめてハッキリと現れるといってもよいでしょう。そしてそれによって分ることは、女性の真のつよさは、その女《ひと》がわが身にふり掛ってくる苦しみや悩みを、どこまで堪え忍ぶかどうかということでありまして、それはその人が未亡人になった際に、もっともよく発揮せられるわけであります。

ところが、わかい皆さん方にとっては、未亡人などという運命が、将来わが身の上に振り掛ってくるなどとは、それこそ夢にも考えたことはないでしょう。ところが、前回にも申したように、百人の女性がいたら、その中の幾人かは、将来必ず未亡人になるという運命に見舞われるわけでありまして、自分だけは絶対に未亡人などにはならないと言える女《ひと》は、一人もないわけであります。またそれを思えばこそわたくしも、自分にその資格のないことも忘れて、こうして一おうの心構えについて、お話するわけであります。

ところで、今日はひとつ、未亡人との連関において、「再婚」の問題についても、ついでにお話しておきたいと思います。ところが「再婚」の問題といえば、女の人はすぐに、自分の再婚の問題と考えがちでしょうが、もちろんわたくしもそれが今日の話の中心ではありますが、しかし中には、婚期を逸した人が、こちらは初婚であっても、再婚の人のところへ嫁ぐという場合も、大いにありうるわけでありま す。

同時に、そうした場合も、人びとの考えにもよることながら、ヤハリ「再婚」の一種というか、その一つのケースといってもよいでしょう。しかしながら、話の筋道の混乱を避けるために、ここでは、そうした場合だけを取り上げることはしないで、ふつうの「再婚問題」の中に含めて考えることにしたいと思います。

そこで最初にまず女の人で、主人を亡くした場合の再婚の可否という問題から考えてみたいと思います。さてそれについて、最初にわたくしの考えを申してみれば、その場合子どもさえ無ければ、良縁があったら、結婚した方が良いとわたくしは思います。と申しますのも、女一人でこの世智辛い世の中を生きてゆくということは、決して容易なことではないからであります。それも子どものある場合にはわが子可愛さのために、どこまでも生きてゆかねばならぬ、という心の張りがありますが、子どもの無い場合には、そういう強い心のはりも出にくくて、そのために何処か心に不安定なところがあり、そしてそのような心の隙に、思わぬ誘惑の魔手が忍び寄らぬものでもないからであります。そしてこのような理由からして、わたくしは原則的には、夫を亡くして、しかも子どもの無い女《ひと》は、良縁があったら、結婚した方が良かろうと考えるのであります。

そこで、次に問題なのは、その場合のいわゆる「良縁」とは一体どういうことをいうか、という問題ですが、しかしこの点については、実さいには、一人一人その条件が違うわけで、とうてい一般的なことを言うわけにはゆかないのであります。しかしながら、こう言ってしまえば、またおのずから共通的な心得というか、注意すべき事柄が無いわけでもないと思います。

では、それは一体どういう事かと申しますと、一つには、自分のほうに子どもが無いからといって、先方にも子どものないことを望むのは、いわば勝手というもので、あまり聡明な態度とはいえないということです。何となれば、先方に子どもが無いという場合は、それは先方としては非常に有利な立場でありますから、いくらでも良い条件の候補者がありうるからであります。否、そうした場合には、むしろ初婚の女性の希望者が少なからずあると考えてよいでしょう。随って、こちらに子どもが無いからといって、先方にもなるべく子の無い人を——などと考えていたら、なかなか良縁は得難いと見てよいでしょう。かりにあったとしても、何かいわくつきの場合も無いとはいえないでしょう。少なくとも、この程度のことは、再婚でもしようという女《ひと》は、分っていなくてはなるまいと思います。

そこでこういうわけですから、先方にはまず子どものある場合が多いとして、その際大事な点は何かというと、それは子どもはなるべく小さい子の方が良いということであります。ところがこの点についても、思慮の足りない女《ひと》は、とかく小さい子は手数がかかるからといって、ややもすれば避けたがる傾向がありますが、これも大へんな誤りであって、むしろできることなら、まだおむつのとれないくらいの子どものある方がよいのであります。それというのも、少なくともその子だけは、大きくなってからも、二度目の母親の味方になってくれるからであります。

ところが、この辺の道理の分らない女《ひと》は、小さい子どもは手数が掛るからといって、とかく避けたがりますが、実母の面影を知っている子と、そうでない子とでは、後妻へのなつき方の上に、ひじょうに大きなひらきのあることくらいは、ちょっと考えたらすぐに分るはずだと思うのであります。それどころか、最近のような社会状勢ですと、先妻の面影を心に刻まれている子どもの扱いは、よほど注意いたしませんと、年ごろになって脱線しないという保証はないわけですから、再婚問題もいよいよむつかしくなって来たわけであります。しかしだからといって、女の身でいつまでも一人でいることの良くないことについては、すでに申した通りですから、色いろと慎重に考慮し、十分な覚悟をした上で、運命の一線を踏み越える他ないと思うのであります。

さて以上は、先方に子どもの有る無しという点に重点を置いて考えたわけですが、しかし再婚も結婚である以上、何といっても相手の本人が問題なことは、申すまでもないことであります。ところでその点について、一つ申して置きたいと思うのは、再婚の際には初婚の場合よりも、相手の社会的地位は、概して高い場合が多いといえましょう。というのも初婚の場合には、恋愛結婚でないかぎり、当事者双方の社会上の地位はほぼ釣り合って、大したひらきの無い場合が多いわけですが、この点再婚の場合には、相手の社会的地位についても、かなりひらきのある場合が少なくないのであります。

ではそれは一たい何故かと申しますと、何しろ子どもがありながら、妻に死なれた男というものは、文字通り手も足も出ないわけですから、初婚の際のようなゼイタクは、いってはいられないからであります。そこで、子どものあることを承知の上で来てくれる女《ひと》なら、ひと通り家事をしてさえくれれば、他の事柄はできるだけ我慢する、という気持ちになりがちだからであります。ですから、それほど美貌というのでもない女《ひと》で、意外に社会的地位のある人と、再婚する場合も、大いにありうるわけであります。

ところで、最後に、再婚の場合の今ひとつの注意として、相手から、先夫人の思い出を、なるべく消そうなどと考えてはイケナイということであります。たとえば、仏壇などに先夫人の写真が飾られていたりすることに、不快の念を抱いて、それを除《の》けさせようなどということは、絶対に考えてはならぬということであります。そればかりか、むしろ先夫人の命日には、必ず仏壇の花を取り替えるとか、また子どもと一しょに仏壇にお詣りするとか、というふうに、絶えず先夫人のために尽すよう、できるだけ怠らぬようにする心がけが大切でしょう。そして、そうした心づかいをしていますと、何時しか子どもたちもこちらの心に感じて、しだいに懐《なつ》いてくるようになるものであります。

さて以上、少しく時間をとり過ぎたかと思いますが、ここで最後に問題となるのは、こちらに子どものある場合の再婚問題ですが、この場合も大きく別けたら、わが子をすべて連れてゆく場合と、子どもは一おう仕上っている場合とがありましょう。しかしそのいずれの場合にしても、そうした場合の再婚は、よほど考えものではないかと思うのであります。と申しますのも、自分の子どもを連れて再婚するということは、少なくともわが国の社会では、現在のところ、まだその例はきわめて少ないといってよく、それゆえ成功するケースも非常に少ないのではないかと思われます。随って連れ子をしてまで再婚して、大へんな苦労をするより、ヤハリ未亡人としてのつつましやかな生活を、わが子と共に、親子水入らずで送るほうが、たとえ経済的には苦労が多いにしても、そのほうがまだしもましではないかと思うのであります。

そこで次に、今一つの場合、すなわちわが子はそれぞれに仕上り、みんな独立して、親として肩の荷のおりた処へ、良縁の話があったという場合であります。ところでこの場合にも、もちろん相手の人物いかんが、大きな比重を占めることは申すまでもありませんが、しかしその場合わたくしとしては、再婚に賛成する気持ちは、セイゼイ三割か三割五分くらいでありまして、まずは再婚しない方が、良くはないかと考えるのであります。では、何故そういう考えをもつかと申しますと、それはその女《ひと》がそこで再婚いたしますと、せっかく女手一つで苦労して、育ててきたわが子との間が、何といっても水臭くなるからであります。その上、子どもたちが全部仕上ってしまえば、経済的にもあまり苦労しなくてもよくなるわけですから、そうした中から子どもを捨てて、再婚するということに対しては、どうも手放しでは賛成しかねるものがあるわけであります。つまり未亡人として、女手一つでわが子を育ててきた苦労の報いられるのは、むしろこれからという時期にさし掛りながら、急にわが子を捨てて、再婚するということは、大きな立場から考えますと、あまり賢明な途ではないんじゃないかと、わたくしには思われるのであります。

なお以上の他にも、亡夫との間に子どもはあったが、その子どもは、亡夫の両親が引きとって育てて、こちらへは渡されなかったという場合もありましょう。こうした場合は、先に述べた一おう子どものない場合に準じて、再婚してもよいでしょう。またこれに反して、亡夫との間に子どもはあったが、それは自分の両親が引きとって、育ててくれているという場合もありましょう。しかしこの場合には、わが子を自分で育てている場合に準じて、再婚しないほうが賢明だと思います。何となれば、自分の両親は年老いていることゆえ、何時片親が亡くならぬとも知れませんし、かりに子どもたちが大きくなるまで、生きていてくれたとしても、自分が再婚しないでいれば、親子の間の親しみは、つづきますが、一たん再婚しますと、子どものほうからは、ヤハリ水臭い親だという感じがするのであります。ですから、たとえ直接の世話はできなくても、そして自分は生活のために他で働いていても、再婚しないで、自分の貯えたお金で、子どもに高等教育を受けさす方が、賢明ではないかと思うわけです。

最後にもう一つ。それは先方にも子どもがあり、またこちらにも子どもがあるという場合の再婚ですが、これは以上掲げたどの場合よりも困難だと申してよく、随って広い世間にも、こうした場合は、ほとんど絶無に近いと言ってよいでしょう。なるほど極めて稀《まれ》なケースとして、先方の人がひじょうにりッパな人柄の場合には、何とかやってゆける場合も、広い世間には稀にあるかもしれません。しかし残念ながら、わたくしの知っている範囲にないばかりか、ほとんど聞いたことさえないのであります。本来を申せば、わが国の社会も、将来はそういうことが行われる様になってほしいとは思いますが、現在の段階では、真に容易なことではないでしょう。

とにかく、このように考えてきますと、どうもこの人の世というものは、憐れにもまた愛《かな》しいものだと思わずにはいられないのであります。

第二九講 —— 核家族化と家族制度

今日も名児耶先生は、道服でお越しになり、校長先生の先導でご入場。おもむろに壇上に立たれて、一礼の後、今日のテーマと八木重吉の詩を書かれた。

八木　重吉

○

私に　出来ない　善い事を
他の人が　したのを見れば
うれしい

○

罪は
悪魔に　いざなわれた　私の影
他人の罪も
私の罪も

○

憎む心が　おこったら
それは　私ではない
悪魔だとおもえ

火

手のうちに　火をもっていて
すぐ　投げつけるような
鋭い　気持もある

○

虹を　見るように
神を　畏れる人は　尊い

今日も短い詩を五つご紹介することにしましょう。そのうちの一つに「火」という題がついているだけで、他の四つの詩はすべて○印です。つまり、晩年の円熟したころの詩が多いということでしょう。

さて最初の詩ですが、これなども重吉が、もはや死期もさまで遠くないころに到達した心境といってよいでしょう。

そこからして、二つ目のような詩も生まれてくるのでしょう。すなわち、罪というものは、元来人間が犯すものではなくて、悪魔にそそのかされて犯すのだ――という考えです。なるほど実際に罪を犯すのは、われわれ人間ですが、しかしそれは悪魔のそそのかしによる自分の影だというわけです。

そこから、さらに次の詩が生まれるのでしょう。すなわち、人間の罪のうち、最も深い憎しみの罪というものは、結局、悪魔の所業だというわけです。もっとも、こういうと、あなた方の中には、重吉は宗教的内省の深い詩人といわれるが、これでは自分の犯した罪の責任を、悪魔になすりつけている人ではないか――と、考えられる方もあるかと思います。しかし本当はそうではなくて、これはふつうに人びとが、「犯した罪は自分の責任だ」といっているよりも、はるかに深い内省のはてに到達したものだといってよいでしょう。

それにしても、最後の詩の美事さは、一たい何といったらよいでしょうか。こうなると、まったく八木重吉の独壇場であって、重吉以外の人では、とうていこんなに美事には詠めないでしょうね。

さて前回でわたくしは、一おう今日女性として考えておいたらと思われる諸問題について、そのあらましをお話したかと思うのであります。もちろんそれらは、顧みて甚だ不十分だったと思わずにはいられません。そしてそこには、もちろん時間の制約という点もないではありませんが、しかしより多くの責任は、結局わたくし自身にあるわけであります。すなわちわたくし自身が、まだようやく不惑の境を越えて間のない人間でありますので、現実の社会及び人生の認識において、まだいちじるしく欠けている処が多いせいであります。そしてそれは、もちろんわたくし自身の素質の劣っていることから来ることですが、同時にまたわたくし自身の人生の苦労と修練の不足から来るものといわざるを得ないのであります。もしその間、多少とも取り柄といえるようなものがあったとすれば、それはひとえに亡き先師の教えによるものでありまして、これを思いますと、感謝と慚愧の念の、こもごも湧き上がるのを禁じえないのであります。

ところで今日は、ある意味では、現在もっとも重大な問題となっている、家族制度と家庭の核家族化の問題について、わたくしの考えを少々お話してみたいと思うのでありまして、これはひとり現在のわが国において、重要なばかりでなく、民族の将来を考えましても、実に重大な意義を孕《はら》んでいる問題かと思うのであります。

ではこの点について、わたくし自身一体どのように考えているのでしょうか。それに対してわたくしは、結論的にいって、もちろん戦前わが国に行われていた家族制度を、あのまま今後も存続さすべきだとは考えませんが、さりとて最近到るところに見られるような、いわゆる核家族化の現象も、無条件にこれを肯定し礼讃するものではないのであります。そしてそこには、何らかの意味で、一種の綜合というか、歩み寄りが行われねばなるまいと考えるのであります。しかしながら、最初から結論を急ぐことはさしひかえるとして、では何ゆえわたくしが、そのような考えを持つに到ったかという理由から、お話してみたいと思います。

ところで、この問題について、まず最初にハッキリさせて置かねばならぬと思うのは、そもそもこの「核家族化」が問題となり出したのは、せいぜいここ小十年前からのことだと思うのであります。ところでこの際、ハッキリさせて置きたいと思いますのは、「核家族」とは、いうまでもなく、若夫婦と子どもだけで構成されている家族ということのようですが、しかしそれだけならば、考えようによっては、何も改めて騒ぎ立てるまでもなく、戦前でも次・三男、ないしはそれ以下の処は、ある意味ではみな核家族だったわけであります。それ故、ここ小十年前から、にわかに核家族が問題になり出したのは、結局長男で、しかも住んでいるのが、両親と同一地域でありながら、両親とは別居して、別に世帯を営む家族が、最近急激に増加した現象を指して言うわけであります。随《したが》って以下核家族を問題にする場合にも、唯今申すように㈠長男であり、㈡しかも勤め先への通勤が、両親と同居していても可能であるにもかかわらず、それをしないで、自分たち夫婦と子どもだけで別世帯を営んでいるもの——というふうに考えたいのであります。ですから、理屈の上からは、次・三男が夫婦と子どもだけで一家を営んでいる場合も、ヤハリ「核家族」といえるわけですが、しかしそうなりますと、色いろと混淆を生じますので、形式的にはともあれ、一おう別にして、話を進めてゆきたいと思うのであります。

そこで、では何ゆえ最近、上にのべたような意味での核家族が急激に増加し出したかというに、わたくしの考えでは、戦後のわが国は、アメリカ風の民主主義を半ば強制的に押しつけられて、政治・法律の上では「男女同権」が、単に形式的理解の程度で移入せられて、内容的側面は、閑却せられた上、さらに教育の領域では、「男女共学」が、この傾向に拍車をかけた結果だといってよいでしょう。

しかしながら、このような解釈は、まだ一面的な理解に過ぎないのでありまして、核家族化がかくも急激に増大したについては、そこには他の半面、戦前までのわが国の「家族制度」が、いわゆる「家父長的」と申しますか、年とった父親が、ほとんど絶対的な権力をもっていて、そのために、家族は全員ともすれば窮屈な思いをしていた家が、少なくなかったのであります。もっとも、こうはいっても、すべての家庭がそうだったとはいえないわけですが、しかし戦前のわが国の家庭には、大なり小なり、こうした傾向がなかったとはいえないように思います。

同時にこのように考えて来ますと、徹底的な敗戦を痛験したわれらの民族において、このような封建的、そして家父長的な家族制度が、戦後重大な衝撃をうけて動揺し、その後、核家族の激増現象が見られるようになったのは、必ずしも偶然とは思えないのであります。しかしながら、同時に、このままわが国の家庭は、この調子ですべてが核家族化していって、果してよいものかどうかは、問題だといえましょう。そこで以下、この点について考えるにあたり、核家族のもつ短所が、果してどのような点にあるかということを、考えてみることにいたしましょう。

さて、その点について考えるにあたり、最初にひとつわたくし自身の考えている、理想的な家族構成は、果してどのようなものかというに、それは、それぞれ自由に開放せられた、老年、壮年、および幼少年という、生命のもつ三種の階層を、内包しているものではないかと思うのであります。すなわち、老年者のもっている人生の経験的な英知と、また壮年者のもっている活動的エネルギー、そしてさらに、幼少年のもっている瑞々《みずみず》しい生命の若やかさとが、たがいに他を犯したり圧迫しないばかりか、それら三階層の人間が、自由な開放関係において、たがいにそのい、の、ち、が呼応し合うようでありたいと考えているのであります。もっともこうはいっても、幼少年層の生命はまだ幼若ですから、かれら自身では、十分な意味での自立性をもたないのは当然であります。随ってその扶養の義務は、壮年層たるその両親にあるのは、改めて申すまでもないことであります。

随って、こうした生命の三階層において、たがいに他を犯したり圧迫しないような、生命の開放体系でなければならぬという注意は、主として老年層と壮年層との関係についていうわけであります。すなわち、年老いた祖父母と、中堅として一家を支える夫婦との間に、何ら摩擦とかわ、だ、か、ま、り、のないことが大切なわけであります。そしてそれには結局、相互の間に、人格的な相互敬愛が必要であります。同時にそうした家庭にあっては、祖父母が孫たちを、みだりに叱るとか小言をいうなどということは、ほとんど有り得ぬことといってよく、こうした処に、現実としては、ほぼ理想に近い家族集団が形成されることでしょう。

ところで、このように申しますと、若い人びとの間には、何もそうまでして、祖父母と父母及び孫たちという三階層が、たとえ互いに相手の自由を認めて、他を圧迫しないという関係にもせよ、一しょに生活する必要があるとは思えない――という疑問を抱く人も、現在では少なくないかとも思うのであります。ところが、それに対してわたくしは、聡明な老年の英知は、ひとり壮年者にとって必要なばかりでなく、さらに幼少年者、すなわち孫たちに対しても、大いにその存在意義があると考えるものであります。

同時に、それと共に、老年者にとっては、孫たちと接触しながら、共に生活するということは、色いろな意味で有意義であり、それはある意味では親たち以上に、大きな感化や影響をあたえる場合さえ、決して少なくないと思うのであります。

しかしながら、こうしたあるべき家族構成において、一ばん重要な点は、どうしたら老・壮・幼というこの生命の三階層、とくに老・壮間に生命の開放関係が維持できるかという問題でありますが、しかしこの点についてわたくしは、問題の解決を、これまでのように観念的なものだけに頼らず、もっと即物的な解決を図る必要があると考えるのであります。

ではわたくしがここで即物的解決法というのは、一体どういうことかと申しますと、それには、まず家屋の建て方からして変えて掛らねばいけないと思うわけです。ではどういう建て方かと申しますと、田舎などでこれまで大きな家を一軒建てて来たのに対して、これからは中・小の二戸建てにするが良かろうというわけです。そしてその二つの建物を、廊下でつなぐか、それとも、独立にするかは、それぞれの家で決めたらよいわけですが、かりに廊下でつなぐとしても、入口はもちろん、便所やお勝手なども、それぞれの家に設けるべきだと思うのであります。つまり、かりに廊下でつなぐとしても、もともと別棟の二軒の家を、廊下でつなぐというふうにしたいのであります。

そこで次に問題は、ではそうした中・小の二棟を、老壮のうちどちらが、どれへ住むかという問題ですが、それについてわたくしは、両者のうち経済的な責任をより多く負担しているほうが、原則的には中の棟に住み、そうでないほうが小の棟に住むがよかろうと考えるのであります。ただし例外的な場合として、老年者のほうが、何か公職についているために、来客の多いような場合には、公職のすむまでは、たとえ経済的には壮年者が支えているとしても、当分の間、老年者が中の棟に住むのが良かろうと思うのであります。だが、このようなルールが、もし老年者によって守られないとしたら、それは老年者自身が核家族への分散化の責任を、事実上負うものというべきでしょう。

なお以上は、説明の便宜上、屋敷の比較的広い田舎を例として述べたわけですが、もし都会でしたら、ヤハリ二階と一階という分け方をする他ないでしょう。そしてその場合、原則としては、老人夫婦が二階ということになりましょう。それは小さな子どもづれの若夫婦が、二階住いをするのは、子どもたちにとって危険だからであります。

大たい以上述べたような考えが、わたくしの核家族化現象に対する対策でありまして、もしこれがほぼ理想的に行われたとしたら、――それは建物さえ別にすれば、さほど困難な問題ではないでしょう――そのとき次・三男のような、祖父母と離れて暮らしている家庭よりも、こうした長男の家庭のほうが、家庭生活に深味と複雑さがあって、この方があるべき家庭生活の「原型」といえるのではないかと考えるのであります。同時に、わたくしのこうした考えに対して、もしご賛成の方があったら、どうぞドシドシこうした新しい家の建て方を、実際の上に試みて、周囲の心ある人びとに、実例を示して頂きたいと思うのであります。

第三〇講 ―― 最後のねがい

今日も名児耶先生には、道服姿でお越しになり、校長先生の先導でご入室。おもむろに壇にのぼられ、一礼の後、今日のテーマと、次のような八木重吉の詩をお書きになった。

八木　重吉

○
死んでも　いいのだ
安らかに　死んでゆけるものなら
いつ死んでも　いいのだ

○
痩《や》せた手を　ながめ
あじ気ない命だと　おもっていた

○
ゆるされ難い私が　ゆるされている
私は　たれをも
無条件でゆるさねばならぬ

○
どうせ　短い命
出来る限り
美しい心でいよう

（天　国）
天国には
もっといい桜が　あるだろう
もっといい雲雀が　いるだろう
もっといい朝が　あるだろう

今日も短い詩ですから、五つご紹介することにしました。ところで、最後の「天国」という詩以外は、すべて○印です。つまりへたに題でもつけたら、気分が打ちこわしになるというような、幽かでかつデリケートな心境を詠んでいるわけです。

最初の詩によって、重吉が最後に到達した心境がハッキリしますね。しかしここに到るには、重吉はどれほど多くの苦悩をへて来たことでしょう。それは、わたくしどもが、これまで辿って来ただけでも、ある程度は分りましょう。しかし重吉もついに、この地点にまで達したわけで、これを読むわたくしたちとしても、深い感慨を禁じえないですね。

次の詩も、重吉が病臥しながら、痩せた自分の手をながめつつ、つぶやいている声までが、幽かに聞えるようですね。

次も、重吉が最後に到達した宗教的心境といってよいでしょう。「ゆるされ難い私がゆるされている」――これこそ真の宗教的信仰というもので、この地点まで達するのに、八木重吉は、その短い三十年の生涯を捧げたわけであります。

次の詩の心境は、先の心境から必然に現れてくるものといえましょう。重吉がこの詩をつくってから、どれほど生きていたか存じませんが、そんなに長くはないはずです。最後に近いころの詩ですからね。

そして最後の「天国」という詩ほど、八木重吉という詩人にふさわしい詩はないともいえましょう。重吉のこの素純な信仰に対して、もしあげつらうものがあったとしたら、そういう人間は、呪われた存在という他ないでしょう。

以上、この「講話」の最初から、わたくしは話を始める前、八木重吉の詩のつたない紹介をして来ましたが、今日で「講話」が終ると共に、詩のご紹介も終るわけであります。そして紹介はつたなくありましたが、しかし詩人八木重吉の偉大さのお蔭で、何とかここまで感動を持続できたことを、辱いと思わわずにはいられません。

さて今日は、皆さん方に対して、わたくしとしては一おう最後のお話というわけであります。むかしから「逢うは別れのはじめ」と申すように、昨年の四月下旬に第一回のお話をはじめてから、ここにちょうど第三十回目を迎えることになったのでありまして、わたくしとしても、感慨を禁じえないのであります。

もっとも三十回とはいっても、皆さん方もご存じのように、なるべく毎週一回という建て前ではありましたが、その間に一週間から二週間近くも、山陰や九州方面への旅で欠けたことがあります。さらには一ばん長い「東北の旅」では、三週間以上も欠けまして、皆さん方に対しては、まことに相済まぬことでした。わたくしとしては、皆さん方へのこの講話は、そうした旅の間でも、つねにわたくしの心の底にあって、消えなかったのであります。そしてこの次には、一体どういうテーマで話したものかと、色いろと心の中に思い浮べたことでした。しかしそうした場合にも、こうして皆さん方とこの広い講堂で、向かい合っていたこの場の情景が心の中にありありと浮んで、懐かしい想いがしたのであります。ですから三十回に及ぶ皆さん方に対するこのお話も、その一部は、そうしたわたくしの「全国行脚」の旅の中から生まれたものと言えるのでありまして、一々それとは申しませんでしたが、それだけにわたくしにとっては想い出深いものがあるわけであります。

さて、それはそれとして、三十回に及ぶ皆さん方への、この講話において、その根底に流れているものは一たい何であったかと申しますと、結局それは、この二度とない人生において、「女性」としての「生」を享《う》けられた皆さん方として、将来どのような生き方をされたら、この人生が生き甲斐のあるものとなるであろうかということが、その根本眼目だったわけであります。しかしながら、今や講話を終えるにあたり、過ぎ去った跡を顧みてみますと、まるで蟬の脱け殻が一列に並んでいるような、一種の空《むな》しさの想いを禁じ得ないのであります。なるほど、その時その時には、わたくしとしても、一おうそれぞれ精魂をこめてお話したつもりでしたが、しかし今日こうして過ぎ去った過去を振り返ってみますと、すべて空しく消え去ったという感を禁じえないのであります。実際、それらのうちのどれだけが、果して皆さん方一人一人の心の中に残っているといえるでしょうか。それは1／10はおろか、おそらく1／100ほどでしかないかとも思われるのであります。しかしわたくしは、あるいはそれでも良いかとも思うのであります。否、それで十分であり、さらには過分でさえあると思うのであります。何となれば、生命の芽生えというものは、元来その最初はきわめて幽かなのが常だからであります。

では、今日皆さん方へのこの最後の講話において、一たい何をわたくしは皆さんにお話したいというのでしょうか。今それを一言で申すとしたら、どうぞ皆さん!!　女性として生まれて来たことの幸せを、心から喜べるような人になって下さい!!――という一語に尽きるといってよいのです。では何故わたくしは、皆さん方へのこの最後の話において、このようなことを申すのでしょうか。それはお互い人間というものは、一切他人をうらやまず、自分に与えられたものだけで、それを十分として、充ち足りるような生活において、はじめて人生の幸福は実感せられるものだからであります。しかしながら、それには自己に与えられたつとめに対して、つねに全力を傾けて取り組んだあげくのはてに、はじめて到達しうるのであります。すなわちそれは、自分の現在の生活の中に含まれている幽かな意味を、一つ一つ噛みしめてゆく生活態度によってのみ、はじめて体得せられるものなのであります。

もちろん、それに対して、わたくしのお話申した事柄は、まことにささやかなものでありまして、文字通り九牛の一毛でしかなく、すべては皆さん方の一人一人が、これからの日日の生活の中で、自分の歩みを噛みしめ味わいつつ、しだいに深めてゆく他ないでしょう。

実際われわれ人間のこの世の「生」というものは、果《は》かないといえば、実に果《は》かないものでありまして、すべては過ぎ去り消え去って行くものともいえましょう。しかも、そうした一歩一歩の歩みを外にして、わたくしたちの人生はないと申してよいのであります。随《したが》ってわたくしたちとしては、一日一日の自分の生活を、どうしたら充実したものにすることができるかということこそ、実に人生の根本問題といってよいのでありまして、ここにこそ人生の意義は実感せられると思うのであります。

それにしてもわたくしは、皆さん方へのこの講話を始めるようになって以来、女性として、真に完成した人生の晩年とは、一たいどのようなものかということを、しばしば心の中に想い描いてみたのであります。こう申したら、皆さん方は、あるいは不思議に思われるかも知れません。男のくせに、女の、しかも晩年の完成した相《すがた》のことなんかに興味を持つなんて──どうしてそんな気持ちになれるのかと、不思議に思われるかも知れません。しかしそれは、わたくしにとっては極めて自然なことであり、否、必然といってもよいのであります。

と申しますのも、わたくしにとって、この世で一ばん興味のあるのは、結局、「人間の生き方の問題」だからであります。ですからわたくしが今、一人の農家の青年と知り合いになったとしたら、必ずやわたくしは、「もし自分がこの青年と同じ立場に置かれていたとしたら、一体どういう生き方をし、そしてどんな農業者になろうと考えるだろうか」ということが、真っ先に心に浮ぶのであります。あるいはまた、のれんの古い菓子屋の跡とり息子と親しくなったとしたら、「もし自分だったら、その経営上、一たいどういう工夫をこらすだろう」などと、考えずにはいられないのであります。そしてそれは、相手が画家の卵や学者の卵、さらには小説家の卵などの場合にも、まったく同様なのであります。ですから、今こうして若い前途のある皆さん方に対して、お話するわたくしの心の底に想い浮べられるのは、皆さん方のような新しくて若い日本女性が、その晩年において到達するであろう相《すがた》だというのに、何の不思議がありましょう。

それよりも、わたくしにとって興味があるのは、皆さん方ご自身、どのように自分の人生の晩年の理想像を、心中に想い浮べていられるかしら——ということであります。たとえその一端にもせよ、もし伺えたとしたら、それはわたくしにとって、どんなに楽しくもまた有意義なことでしょう。しかしそれを現在伺うことは、もとより不可能な事であります。何となれば、それはあなた方一人一人の方によって、それぞれの人生の晩年において到達せられるものだからであります。にもかかわらず、そうしたものの一端を、心中に想い描かずにいられない処に、わたくしという人間の、いわばこの世における「業《ごう》」があるといってもよいでしょう。

「業」などというコトバは、皆さん方にとっては、ほとんどその実感は湧かないでしょう。ただ皆さん方のような若い年ごろの人でも、すでにご両親の一方を亡くされたり、あるいはさらにご両親を共に亡くされて、現在年をとったお祖父さんやお祖母さんの手で、育てられているような方がもしあったとしたら、そしてその祖父さんやお祖母さんの口から、この「業」というコトバを、つねに聞かされているような方が、もし一人でもあったとしたら、そういう人は、その年齢はいかに若くても、わたくしの申す「業」というコトバの意味が、たとえハッキリとは分らなくても、その響きというか匂いくらいは、お分りになるだろうと思います。

では、そういうわたくし自身が、こうして皆さん方にお話している際にも、心の中に常に想い浮かべている日本の女性の理想像は、一体どのようなものかというに、正直申して、それはこのわたくしも、ハッキリとした固定像として捉《とら》えているわけではないのであります。だがそれは、現実に存在していない以上、あるいは当然ともいえましょう。しかしながら、そのような理想像を構成すべき素材的なものは、必ずしも無いわけではありません。そしてそれこそ実は、こうして三十回も皆さん方に対して、お話して来たものに他ならないのであります。しかしながら、それらの要素が、一つに統一せられ、構成された生きた人間の具体像ということになりますと、正直なところわたくし自身にも、決してハッキリしているとは言えないのであります。何となれば、それは先ほども申したように、今後皆さん方自身によって、しかも一生を賭けて、完成して戴かねばならぬものだからであります。

そこで、今やお別れにのぞんで、わたくしの皆さんに対する最後の贈り物として、これまでわたくしが色いろな角度からお話してきた、いわば数珠玉のような話を貫いて、それらを一つの女性像にまで築き上げる、一筋の糸のような役目を果たすものは、一たい何かということを申し上げることにいたしましょう。そしてそれこそは、わたくしが、今日この講話の最初の辺で申し上げた「女として生まれたことの幸せ」を、ふかくわが身に体して、その味わいを真に嚙みしめて生きるような「心」なのであります。

そもそも、神がわれわれ人間を、男・女という、いともハッキリした姿において創造され、決して一様な中性的なものとして造られなかった以上、そこには深い御旨《みむね》がこめられているに相違ないのでありまます。そしてそれには、男として生まれたものは、男らしく生きることによって、深い幸福感と感謝の念をもって感受するように、同様にまた、皆さん方のように、「生」を女性として享《う》けられた方々も、それを自覚的に受け止めて、日日の生活の一つ一つを、深く嚙みしめ味わいながら生きてゆかれたとしたら、やがて人生の晩年に近づくころともなれば、「ヤハリ自分は女として生まれて良かった。もし自分が女として生まれていなかったら、こうした人生の深い味わいは分らなかったに相違ない」というような実感を抱かれることだろうと思うのであります。

そこで皆さん方に対する最後のお願いは、どうぞ皆さん方、今のうちからそのつもりで、人生の晩年になったら、そうした「女」に生まれたことの幸福感と感謝の念から、ふり返ってそこまで到達した皆さん方一人一人の人生の歩みを書き記して、それを後から来る若い人びとへの捧げ物として公にして戴きたいということであります。言いかえれば、皆さん方一人一人の方に、そうした意味での「自伝」を書いて戴きたいということであります。そしてそうなった時、わたくしのこうした拙《つたな》いお話の記録などは、まるで朝露のように果かなく消えて行くことでしょう。

本書は昭和四十八年八月二十日に社団法人 実践人の家から刊行された
『幻の講話』を新装したものです。

【著者略歴】

森 信三

明治29年9月23日、愛知県知多郡武豊町に端山家の三男として生誕。両親不縁にして、3歳の時、半田市岩滑町の森家に養子として入籍。半田小学校高等科を経て名古屋第一師範に入学。その後、小学校教師を経て、広島高等師範に入学。在学中、生涯の師・西晋一郎氏に出会う。後に京都大学哲学科に進学し、西田幾多郎先生の教えに学ぶ。大学院を経て、天王寺師範の専任教諭になり、師範本科生の修身科を担当。後に旧満州の建国大学教授として赴任。50歳で敗戦。九死に一生を得て翌年帰国。幾多の辛酸を経て、58歳で神戸大学教育学部教授に就任し、65歳まで務めた。70歳にしてかねて念願の『全集』25巻の出版刊行に着手。同時に神戸海星女子学院大学教授に迎えられる。77歳長男の急逝を機に、独居自炊の生活に入る。80歳にして『全一学』5部作の執筆に没頭。86歳の時脳血栓のため入院し、以後療養を続ける。89歳にして『続全集』8巻の完結。平成4年11月21日、97歳で逝去。「国民教育の師父」と謳われ、現在も多くの人々に感化を与え続けている（年齢は数え年）。著書に『修身教授録』『人生二度なし』『森信三一日一語』『森信三訓言集』『１０代のための人間学』『父親のための人間学』『家庭教育の心得２１』（いずれも致知出版社）など多数。

幻の講話
第三巻「男の幸福と女のしあわせ」

平成二十九年十二月二十五日第一刷発行
令和三年十一月三十日第二刷発行
著 者 森 信三
発行者 藤尾 秀昭
発行所 致知出版社
〒150-0001 東京都渋谷区神宮前四の二十四の九
TEL（〇三）三七九六―二一一一
装幀 川上成夫
印刷・製本 中央精版印刷
落丁・乱丁はお取替え致します。 （検印廃止）

2017 Printed in Japan
ISBN978-4-8009-1166-7 C0095
ホームページ https://www.chichi.co.jp
Eメール books@chichi.co.jp

致知出版社の好評図書

10代のための人間学

森信三 著、**寺田一清** 編

中高生のために記された
輝く未来をつくる生き方指南書。

●四六判上製　●定価=1,430円（税込）